目　录

习题答案

项目一　走进会计王国

一、单项选择题

1. 根据史书记载，我国“会计”一词最早出现的朝代为（　　）。

A. 宋代　　B. 战国　　C. 西周　　D. 唐代

2. 会计的基本职能是（　　）。

A. 记账和算账　　B. 分析和检查　　C. 核算和监督　　D. 预测和决策

3. 资金从货币资金开始，经过供、产、销三个过程，依次从货币资金到固定资金、储备资金、生产资金和成品资金，最后又转化为货币资金的过程，称为（　　）。

A. 资金的循环　　B. 资金的周转　　C. 资金的运动　　D. 资金的退出

4. 下列关于会计主体的说法，错误的有（　　）。

A. 会计人员只能核算、监督所在主体的经济业务，不能核算、监督其他主体的经济业务

B. 会计主体可以是企业中的一个特定部分，也可以是几个企业组成的企业集团

C. 一般来说，会计主体可作为法律主体，法律主体不一定是会计主体

D. 会计主体假设界定了从事会计工作和提供会计信息的空间范围

5. 在会计机构内部，根据内部牵制原则，不得兼任稽核、会计档案保管和收入、费用、债权债务账目登记工作的是（　　）。

A. 会计主管人员　　B. 记账人员　　C. 出纳人员　　D. 成本核算人员

二、多项选择题

1. 会计核算的基本前提是（　　）。

A. 会计主体　　B. 会计分期　　C. 持续经营　　D. 货币计量

E. 权责发生制

2. 会计的基本职能是（　　）。

A. 会计核算　　B. 会计监督　　C. 会计决策　　D. 会计控制

3. 会计的概念应包括（　　）等方面的内容。

A. 运用专门的方法　　B. 会计是一种管理活动

C. 对经济活动进行核算和监督　　D. 以货币计量为基本形式

4. 下列项目中，可以作为一个会计主体进行核算的有（　　）。

A. 销售部门　　B. 分公司　　C. 母公司　　D. 企业集团

5. 根据权责发生制原则，应计入本期收入和费用的有（　　）。

A. 前期提供劳务未收款，本期收款　　B. 本期销售商品一批，尚未收款

C. 本期耗用的水电费，尚未支付　　D. 预付下一年的报刊费

三、判断题

（　　）1. 会计的主要特点之一是以货币为主要计量单位。

（　　）2. 会计的职能就是记账、算账和报账。

（　　）3. 权责发生制基本要求，企业应当在收入已经实现或费用已经发生时就进行确认，而不必等到实际收到或支付现金时才确认。

（　　）4. 会计法是我国会计法律规范体系的最高层次，是制定其他会计法规的依据，也是指导会计工作的最高准则。

（　　）5. 企业的出纳人员除了登记库存现金、银行存款日记账外，还可以兼任银行存款余额调节表的核对工作。

四、简答题

简述权责发生制和收付实现制的区别与联系。

项目二　认识会计要素

一、填空题

1. 会计要素是对会计对象进行的基本分类，是会计核算对象的具体化，是用于反映会计主体__________状况，确定__________的基本单位。

2. __________、__________、_________构成了资产负债表的基本要素，即反映企业的财务状况。

3. __________、__________、__________构成利润表的基本要素，即反映企业的经营成果。

4. 资产是指由企业____________________形成的、由企业拥有或控制的、预期会给企业__________的资源。

5. 资产按流动性可分为__________、__________。

6. 负债是由_______________形成的，预期会导致______________流出企业的______________义务。

7. 收入是指企业在日常活动中形成的、会导致__________增加的、与所有者投入资本无关的__________总流入。收入按性质可分为____________、____________、____________等取得的收入。

8. 会计的方法包括__________、__________和会计检查方法。

9. 会计核算方法包括设置账户、__________、__________、__________、成本计算、财产清查、__________编制财务会计报告七种方法。

10. 会计恒等式又称______________、______________，是指会计的专业术语来表达________________的基本方程式。

二、单项选择题

1. 会计的基本职能是（　　）。

A. 决策、分析　　B. 控制、考核

C. 核算、监督　　D. 反映、控制

2. 会计执行事后核算职能的主要形式是（　　）。

A. 预测、计算、决策　　B. 记账、算账、报账

C. 预算、控制、计算　　D. 预测、决策、控制

3. 某企业2019年6月1日，共有资产600万元，还需偿还各种债务共计100万元，则该企业的净资产（　　）。

A. 600万元　　B. 500万元　　C. 400万元　　D. 300万元

4. 复式记账、账户试算平衡和编制资产负债表的理论依据是（　　）。

A. 资产 = 权益

B. 资产 = 负债 + 所有者权益

C. 资产 = 负债 + 所有者权益 +（收入 − 费用）

D. 收入 − 费用 = 利润

5. 公司以银行存款偿还前欠货款，该业务引起（　　）。

A. 资产与权益同时减少　　B. 资产与权益同时增加

C. 负债增加，所有者权益减少　　D. 资产内部有增有减

6. 引起资产与权益同时增加的业务是（　　）。

A. 购入原材料，款项用银行存款支付　　B. 接受国家以固定资产投资

C. 开出商业承兑汇票抵付前欠货款　　D. 用盈余公积转增资本

7. 下列项目中，错误的是（　　）。

A. 资产与权益同时减少　　B. 资产与权益同时增加

C. 负债与所有者权益同时增加　　D. 资产内部有增有减

8. 某企业采购员预借差旅费，所引起的变动为（　　）。

A. 一项资产增加，一项负债增加　　B. 一项资产增加，另一项资产减少

C. 一项资产减少，一项负债减少　　D. 一项负债增加，另一项负债减少

9. 开出应付票据抵付应付款项，所引起的变动为（　　）。

A. 一项资产减少，一项负债减少

B. 一项资产增加，一项负债增加

C. 一项所有者权益增加，另一项所有者权益减少

D. 一项负债增加，另一项负债减少

10. 某企业本期期初资产总额为360万元，本期期末负债总额减少了40万元，所有者权益比期初增加了60万元，则该企业本期期末资产总额为（　　）万元。

A. 340　　B. 380　　C. 420　　D. 320

三、多项选择题

1. 下列属于负债要素项目的有（　　）。

A. 短期借款　　B. 预收账款

C. 预付账款　　D. 应交税费

2. 下列属于资产要素项目的是（　　）。

A. 原材料　　B. 库存现金　　C. 应收账款　　D. 固定资产

3. 下列说法正确的是（　　）。

A. 资产类账户增加记贷方，减少记借方

B. 负债类账户增加记贷方，减少记借方

C. 收入类账户增加记贷方，减少记借方

D. 费用类账户增加记贷方，减少记借方

4. 下列会计等式正确的有（　　）。

A. 资产＝负债＋所有者权益

B. 资产＝负债＋所有者权益＋（收入－费用）

C. 资产＝负债＋所有者权益＋利润

D. 资产－负债＝所有者权益＋利润

5. 下列不属于资产的是（　　）。

A. 实收资本　　B. 专利权　　C. 应付账款　　D. 机器设备

6. 下列经济业务中，会导致企业资产和负债同时发生减少变化的有（　　）。

A. 资产的增加　　B. 负债的增加

C. 收入的增加　　D. 所有者权益的减少

7. 下列项目中属于的有者权益的有（　　）。

A. 未分配利润　　B. 资本公积　　C. 实收资本　　D. 盈余公积

8.（　　）的经济业务发生后，不会使资产或权益总额发生变化。

A. 以银行存款 5 000 元，偿还前欠购料款

B. 从银行取得借款 20 000 元，存入银行

C. 以现金 3 000 元，存入银行

D. 从银行提取现金 800 元

9. 若一项经济业务发生后引起银行存款减少 5 000 元，则相应地有可能引起（　　）。

A. 固定资产增加 5 000 元　　B. 短期借款增加 5 000 元

C. 材料费用减少 5 000 元　　D. 应付账款减少 5 000 元

10. 会计基本平衡式是（　　）的理论依据。

A. 复式记账　　B. 账户试算平衡　　C. 编制资产负债表　　D. 编制利润表

四、判断题

（　　）1. 财务成果具体表现为盈利或亏损。

（　　）2. 款项是作为支付手段的货币资金；有价证券是指表示一定财产拥有权或支

配权的证券。款项和有价证券是企业流动性最差的资产。

(　　) 3. 会计要素中既有反映财务状况的要素，又有反映经营成果的要素。

(　　) 4. “收入－费用＝利润”反映的是资金运动的动态方面，反映的是某一会计期间的经营成果，反映一个过程，是编制利润表的依据。

(　　) 5. 所有者权益是企业投资人对企业资产的所有权。

(　　) 6. 资产包括固定资产和流动资产两部分。

(　　) 7. 会计等式“资产＝负债＋所有者权益”，是复式记账法的理论基础。

(　　) 8. 费用既包括日常活动发生的，也包括非日常活动发生的经济利益的流出。

(　　) 9. 从数量上看，资产与权益始终保持平衡关系，任何经济业务的发生均不会改变资产和权益的金额。

(　　) 10. 如果一项经济业务的发生所引起负债的增加和所有者权益的减少，则会计基本等式的平衡关系没有被破坏。

五、社会实践

1. 同桌之间相互谈谈对资产、负债、所有者权益三个会计要素的理解。
2. 同桌之间相互谈谈对收入、费用、利润三个会计要素的理解。
3. 浅谈资产与权益这两者之间的关系。
4. 举例说明经济业务的类型对会计平衡公式的影响。

项目三　知悉账户和复式记账

一、填空题

1. 根据企业资金构成的内在联系和会计对象的特点,会计科目主要可分为__________、__________、__________、__________和__________五类。

2. 账户应以____________________作为它的名称。

3. 由于经济业务发生引起的各项会计要素的变动，从数量上看不外乎增加和减少两种情况。因此，账户结构也相应地划分为左、右两方，以一方登记__________，另一方登记__________。

4. 从数额上看，有一定数额的资产，就必定有一定数额的__________。

5. 会计要素中的__________、__________和__________三要素是利润表中的要素。

6. 会计科目是对__________的具体内容进一步分类的项目名称。

7. 现行企业的会计科目按会计要素分类，分为__________、__________、__________、__________、__________和__________。

8. 账户应以__________作为它的名称，并具有一定的__________。根据__________开设总分类账，根据________________开设明细分类账。

9. 会计科目按其反映信息详细程度不同，可以分为________________科目和________________科目。

10. 在借贷记账法下，账户的结构是：账户的左方为________方，右方为________方。但哪一方登记增加，哪一方登记减少，取决于账户反映的________________。

11. 资产类账户如有余额，通常在________________，负债类账户如有余额，通常在________________________。

12. 借贷记账法的记账规则是__________，__________。

13. 通过试算平衡表检查账簿记录，如果借贷不平衡，可以肯定记账__________，但不能肯定记账__________。

14. 总分类账和明细分类账平行登记的要点是__________、__________、__________和__________。

二、单项选择题

1. 复式记账法对每项经济业务都必须以相等的金额在两个或两个以上账户中同时登记，其登记的账户是（　　）。

A. 资产类账户　　B. 权益类账户

C. 互相联系的对应账户　　D. 总分类账户和明细分类账户

2. 应收账款账户的期初余额为借方 2 000 元，本期借方发生额 1 000 元，本期贷方发生额 8000 元，该账户的期末余额为（　　）。

A. 借方 3 000 元　　B. 贷方 8 000 元

C. 借方 5 000 元　　D. 贷方 5 000 元

3. 借贷记账法下的发生额平衡是由（　　）决定的。

A. “有借必有贷，借贷必相等”的记账规则

B. 账户的结构

C. “资产 = 权益”的会计等式

D. 平行登记要点

4. 在复合会计分录“借：固定资产 50 000；贷：银行存款 30 000，贷：应付账款 20 000”中，“银行存款”账户的对应账户是（　　）账户。

A. “应付账款”　　B. “银行存款”

C. “固定资产”　　D. “固定资产”和“银行存款”

5. 在编制试算平衡表时，若期初余额、本期发生额和期末余额的借方与贷方均平衡，则（　　）。

A. 全部总账账户记录一定正确　　B. 全部明细账户记录一定正确

C. 全部总账账户记录也不能肯定无错　　D. 全部明细账户记录也不能肯定无错

6. 借贷记账法下，采用发生额试算平衡法时，试算平衡公式是（　　）。

A. 全部账户借方发生额合计等于全部账户贷方发生额合计

B. 每个账户借方发生额合计等于该账户贷方发生额合计

C. 全部资产类账户借方发生额合计等于全部负债类账户贷方发生额合计

D. 全部资产类账户借方发生额合计等于全部所有者权益账户贷方发生额合计

7. 在交易或事项处理过程中，会形成账户的对应关系，这种关系是指（　　）。

A. 总分类账户与总分类科目之间的关系

B. 总分类账户与明细分类账户之间的关系

C. 总分类科目与总分类科目之间的关系

D. 有关账户之间的应借应贷关系

8. 复式记账法对每笔经济业务都以相等的金额，在（　　）中进行登记。

A. 两个账户　　B. 一个账户

C. 所有账户　　D. 两个或两个以上相互联系的账户

9. 会计科目是对（　　）的具体内容进行分类核算的项目。

A. 经济业务　　B. 会计主体　　C. 会计对象　　D. 会计要素

10. 总分类科目和明细分类科目，是按照反映经济信息的（　　）程度进行的分类。

A. 内容　　B. 用途　　C. 结构　　D. 详细

11. 会计科目与会计账户的根本区别是（　　）。

A. 名称不同　　B. 反映经济内容不同

C. 有无结构　　D. 有无格式

12. 某企业 2019 年 3 月“库存现金”账户月初余额为 2 000 元，本月贷方发生额为 80 000 元，月末余额为 5 000 元，则本月借方发生额应为（　　）元。

A. 73 000　　B. 77 000　　C. 87 000　　D. 83 000

13. 属于复合会计分录的是（　　）。

A. 借：生产成本——A 产品　　30 000
　　贷：原材料——甲材料　　10 000
　　　　　　——乙材料　　20 000

B. 借：制造费用——办公费　　300
　　　　　　——邮电费　　600
　　贷：库存现金　　900

C. 借：制造费用——折旧费　　2 000
　　管理费用——折旧费　　1 000
　　贷：累计折旧　　3 000

D. 借：银行存款　　100 000
　　贷：应收账款——A 公司　　40 000
　　　　　　——B 公司　　60 000

14. 在借贷记账法下，“借”“贷”的含义是（　　）。

A. 债权和债务　　B. 标明记账方向

C. 增加或减少　　D. 收入和付出

15. 对会计对象的具体内容分类进行核算的方法是（　　）。

A. 设置会计科目　　B. 复式记账

C. 登记账簿　　D. 会计科目

16. 对账户记录进行试算平衡的依据是（　　）。

A. 会计要素划分的类别　　B. 所发生经济业务的内容

C. 账户结构　　D. 会计等式

17. 在总分类账户及其所属明细分类账户之间必须采用的登账方法是（　　）。

A. 复式记账　　B. 平行登记

C. 补充登记　　D. 试算平衡

18. 某账户期初余额为 5 000 元，本期增加发生额为 8 000 元，期末余额为 6 000 元。该账户本期减少发生额应为（　　）元。

A. 2 000　　B. 7 000

C. 8 000　　D. 13 000

19. 复式记账法与单式记账法相比较，正确的说法是（　　）。

A. 两者都有利于检查账户记录的正确性

B. 复式记账法能清晰地反映经济业务的过程和结果

C. 两者都有一套完整的账户体系

D. 两者的账户都有相互对应关系

20. 对会计科目分类和编号，形成（　　）。

A. 会计要素　　B. 会计账户

C. 会计科目表　　D. 会计对象

21. 在借贷记账法下，账户的借方表示（　　）。

A. 费用的增加和收入的减少

B. 收入的增加和资产的减少

C. 利润的增加和负债的减少

D. 利润的增加和费用的减少

22. 简单会计分录是指（　　）的分录。

A. 有借有贷　　B. 一借一贷

C. 一借多贷　　D. 多借一贷

23. 期初和期末余额均在借方的账户，一般属于（　　）。

A. 资产类账户　　B. 负债类账户

C. 所有者权益类账户　　D. 收入类账户

24. 不属于会计科目的是（　　）。

A. 在建工程　　B. 预收账款

C. 固定资产　　D. 流动资产

25. 在借贷记账法下，负债类账户的结构特点是（　　）。

A. 借方记增加，贷方记减少，余额在借方

B. 贷方记增加，借方记减少，余额在贷方

C. 借方记增加，贷方记减少，一般无余额

D. 贷方记增加，借方记减少，一般无余额

三、多项选择题

1. 对于负债类账户，正确的说法是（　　）。

A. 借方登记增加数，贷方登记减少数

B. 借方登记减少数，贷方登记增加数

C. 期末余额一般在借方

D. 期末余额一般在贷方

2. 在借贷记账法下，“借”和“贷”作为记账符号（　　）。

A. 在账户结构上，可表示两个对立的部分

B. “借”和“贷”等于“增”和“减”

C. 在金额的增减变化上，可表示“增加”和“减少”

D. 表示债权和债务

3. 通过试算平衡不能发现其错误的差错有（　　）。

A. 漏记或重记

B. 记账方向颠倒

C. 错用会计科目

D. 借贷双方中一方多记金额，另一方少记金额

4. 根据借贷记账法的账户结构，账户贷方登记的内容有（　　）。

A. 收入的增加

B. 所有者权益的增加

C. 资产的增加

D. 负债的增加

5. 复式记账法的优点有（　　）。

A. 能全面反映账户的对应关系

B. 有利于检查会计分录的正确性

C. 便于进行试算平衡

D. 便于按会计科目进行汇总

6. 总分类账户与明细分类账户平行登记的要点包括（　　）。

A. 依据相同

B. 方向相同

C. 期间相同

D. 金额相同

7. 借贷记账法的记账规则是（　　）。

A. 有借必有贷　　B. 借贷必相等

C. 借方登记增加数　　D. 贷方登记减少数

8. 期末结转后应无余额的账户有（　　）。

A. 主营业务收入　　B. 主营业务成本　　C. 实收资本　　D. 利润分配

9. 会计分录的形式可以有（　　）。

A. 一借一贷　　B. 一借多贷

C. 一贷多借　　D. 多借多贷

10. 会计科目的数量和粗细程度应根据（　　）而定。

A. 单位规模大小　　B. 管理的需要

C. 业务的繁简　　D. 利税多少

11. 账户哪一方记增加，哪一方记减少，取决于（　　）。

A. 业务的性质　　B. 所采用的记账方法

C. 账户反映的内容　　D. 会计平衡公式

12. 属于资产类科目的有（　　）。

A. 预付账款　　B. 应收账款

C. 预收账款　　D. 其他应收款

13. 属于负债类科目的有（　　）。

A. 短期借款　　B. 预付账款

C. 应付账款　　D. 应交税费

14. 属于损益类科目的有（　　）。

A. 盈余公积　　B. 投资收益

C. 本年利润　　D. 管理费用

15. 会计账户一般应包括的内容有（　　）。

A. 账户名称　　B. 日期、摘要

C. 凭证编号　　D. 增加、减少金额及余额

四、判断题

（　　）1. 负债类和所有者权益类账户的期末余额一定在贷方。

（　　）2. 借贷记账法账户的基本结构是：账户分为左右两方，左方为借方，右方为贷方。

（　　）3. 复合分录可以由几个简单分录复合而成。

（　　）4. 在借贷记账法下，“借”表示增加，“贷”表示减少。

(　　) 5. 资产类账户的期末余额（借方）= 期初余额（借方）+ 本期借方发生额 − 本期贷方发生额。

(　　) 6. 根据账户记录编制试算平衡表以后，如果所有账户的借方发生额同所有账户的贷方发生额相等，则说明账簿记录一定是正确的。

(　　) 7. 总分类账户与其所属明细分类账户在总金额上应当相符。

(　　) 8. 总分类账户及明细分类账户必须在同一会计期间内登记。

(　　) 9. 复式记账法的记账规则是“有借必有贷，借贷必相等”。

(　　) 10. 会计科目是按照会计要素的具体内容进行进一步科学分类而确定的会计核算项目。

(　　) 11. 会计科目既是复式记账的基础又是编制记账凭证的基础。

(　　) 12. 会计科目是由国家统一的会计制度规定的，各单位必须严格执行，不能增设或减并。

(　　) 13. 总分类科目统驭下的二级科目和三级科目等均称为明细分类科目。

(　　) 14. 会计账户是用来分类连续地记录交易或事项，反映各会计要素增减变化情况和结果的一种工具。

(　　) 15. 总分类账户提供总括的核算指标，因此，不仅要用货币量度，还要辅以实物量度。

五、综合题

1. 某企业 2019 年 8 月 1 日 资产总额为 100 万元，所有者权益总额为 40 万元。8 月发生下列经济业务：

（1）从银行取得期限为 6 个月的借款 5 万元，存入银行。

（2）收到 A 单位投入新设备一台，价值 8 万元，交付生产使用（暂不考虑固定资产增值税问题）。

（3）购入新机器一台，价值 7 万元，以银行存款支付，交付生产使用（暂不考虑固定资产增值税问题）。

（4）从银行取得期限为 3 个月的借款 12 万元，直接偿还前欠 B 单位货款。

（5）经批准，将资本公积金 6 万元转增资本金。

（6）经研究决定，企业应向投资者分配利润 3 万元。

要求：根据上述资料列式计算该企业 8 月 31 日 的资产总额和负债总额。

资产总额 =

负债总额 =

2. 根据企业发生的下列经济业务编制会计分录。

（1）采购原材料，价款 20 000 元，款项通过银行存款支付，材料已验收入库（暂不考虑增值税等因素）。

（2）收到乙单位作为投资的货币资金 5 000 000 元，已存入银行账户。

（3）向银行借入期限为 8 个月的借款 50 000 元。

（4）办公室王来预借差旅费 2 000 元，以现金支付。

（5）从银行提取现金 100 000 元备发工资。

（6）办公室用现金购买办公用品 1 000 元。

（7）购入机器设备一台，价值 65 000 元，以银行存款支付（暂不考虑固定资产增值税问题）。

（8）王来出差回来后报销差旅费 1 700 元，退回多余现金 300 元。

（9）用银行存款 50 000 元归还以前欠款。

（10）购入材料 120 000 元，材料已验收入库。以银行存款支付货款 100 000 元，其余 20 000 元暂欠（不考虑增值税等因素）。

3. 根据下列业务资料编制试算平衡表。

已知 2019 年 7 月初有关账户余额如下表，并已知 7 月发生的 10 笔经济业务。

账户余额表

单位：元

资产账户	借方余额	负债和所有者权益	贷方金额
库存现金	500	短期借款	90 000
银行存款	180 000	应付账款	70 500
原 材 料	110 000	实收资本	100 000
		资本公积	30 000
合　　计	290 500	合　　计	290 500

（1）从银行提取现金 1 000 元备用；

（2）购入一批材料计 30 000 元，贷款尚未支付，税率 17%；

（3）收到某投资者投入货币资金 50 000 元，并存入银行；

（4）用银行存款归还前欠应付账款 6 000 元；

（5）向银行借入短期借款 30 000 元，直接用来偿还应付账款；

（6）经协商，将所欠某单位的账款 60 000 元转作本企业的资本；

（7）用银行存款 2 000 元支付广告费；

（8）维修公司办公楼发生修理费 8 000 元，款项尚未支付；

（9）用资本公积 20 000 元，转增资本；

（10）用银行存款 30 000 元，归还银行短期借款 27 500 元，偿还前欠货款 2 500 元。

要求：利用已知数据，编制会计分录，并编制试算平衡表。

试算平衡表

单位：元

会计科目	期初余额		本期发生额		期末余额	
	借方	贷方	借方	贷方	借方	贷方
库存现金						
银行存款						
原材料						
短期借款						
应付账款						
实收资本						
资本公积						
管理费用						
其他应付款						
合计						0

4. 某企业 2019 年 8 月发生的经济业务及登记的总分类账和明细分类账如下。

要求：根据资料和总分类账和明细分类账的勾稽关系，将总分类和明细分类中空缺的数字填上。

（1）4 日，向 A 企业购入甲材料 1 000 千克，单价 17 元，价款 17 000 元；购入乙材料 2 500 千克，单价 9 元，价款 22 500 元。货物已验收入库，款项 39 500 元尚未支付。（不考虑增值税，下同）

（2）8 日，向 B 企业购入甲材料 2 000 千克，单价 17 元，价款 34 000 元，货物已验收入库，款项尚未支付。

（3）13 日，生产车间为生产产品领用材料，其中领用甲材料 1 400 千克，单价 17 元，价值 23 800 元；领用乙材料 3 000 千克，单价 9 元，价值 27 000 元。

（4）23 日，向 A 企业偿还前欠货款 20 000 元，向 B 企业偿还前欠货款 40 000 元，用银行存款支付。

（5）26 日，向 A 企业购入乙材料 1 600 千克，单价 9 元，价款 14 400 元已用银行存款支付，货物同时验收入库。

总分类账户

会计科目：应付账款　　单位：元

2019年		凭证编号	摘要	借方	贷方	借或贷	余额
月	日						
8	1	（略）	月初余额			贷	（1）
	4		购入材料		（2）	贷	82 500
	8		购入材料		34 000	贷	（3）
	23		归还前欠货款	60 000		贷	56 500
	31		本月发生额及余额	（4）	73 500	贷	56 500

总分类账户

会计科目：原材料　　单位：元

2019年		凭证编号	摘要	借方	贷方	借或贷	余额
月	日						
8	1		月初余额			借	（5）
	4	（略）	购入材料	39 500		借	（6）
	8		购入材料	（7）		借	88 400
	13		生产领用材料		（8）	借	37 600
	26		购入材料	14 400		借	（9）
	31		本月发生额及余额	87 900	50 800	借	52 000

原材料明细分类账

明细科目：甲材料数量

2019年		凭证编号	摘要	收入			发出			结存		
月	日			数量（千克）	单价（元）	金额（元）	数量（千克）	单价（元）	金额（元）	数量（千克）	单价（元）	金额（元）
8	1		月初余额							400	17	6 800
	4	（略）	购入材料	1 000	17	（10）				1 400	17	23 800
	8		购入材料	2 000	17	34 000				（11）	17	（12）
	13		领用材料				1 400	17	23 800	2 000	17	34 000
	31		本月发生额及余额	3 000	17	51 000	（13）	17	（14）	2 000	17	34 000

项目四　掌握会计凭证

一、填空题

1. 会计凭证是记录经济业务事项的_________，明确经济责任，并作为登记账簿依据的_________。

2. 原始凭证按其来源的不同可分为__________和__________。

3. 一次凭证是指一次只记录一笔经济业务或同时记录_______________的经济业务的原始凭证。

4. 记账凭证是财务部门根据审核无误的____________填制的，记载经济业务简要内容，确定__________，并据以登记账簿的会计凭证。

5. 记账凭证按填制的方法不同，可分为____________和____________凭证。

6. 转账凭证是根据除____________及____________收付业务以外的转账类经济业务的原始凭证填制的记账凭证。

二、单项选择题

1. 库存现金和银行存款之间的相互划转，通常编制的记账凭证是（　　）。

A. 收款凭证　　B. 付款凭证

C. 转账凭证　　D. 汇总凭证

2. 下列属于汇总原始凭证的是（　　）。

A. 工资费用分配表　　B. 销售发票

C. 限额领料单　　D. 发出材料汇总表

3. 下列属于累计原始凭证的是（　　）。

A. 领料单　　B. 限额领料单

C. 制造费用分配表　　D. 发出材料汇总表

4. 会计凭证按其（　　）不同，可分为原始凭证和记账凭证。

A. 用途　　B. 取得的渠道

C. 填制的程序和用途　　D. 反映的经济内容

5. ￥201 005.08 大写金额的正确写法为（　　）。

A. 贰拾零壹零伍元零捌分　　B. 贰拾万零壹仟零伍元零捌分

C. 贰拾壹仟零伍元零捌元正　　D. 贰拾万零壹仟零伍元零捌分正

6. 外来原始凭证应是（　　）。

A. 一次原始凭证　　B. 汇总原始凭证

C. 累计原始凭证　　D. 转账原始凭证

7. 下列不属于外来原始凭证的是（　　）。

A. 收款收据　　B. 火车票　　C. 收料单　　D. 增值税发票

8.（　　）既提供了企业经营管理的总括指标，又简化了会计核算手续。

A. 汇总原始凭证　　B. 一次原始凭证

C. 转账原始凭证　　D. 累计原始凭证

9. 单位将现金存入银行应编制（　　）。

A. 收款凭证　　B. 付款凭证　　C. 转账凭证　　D. 汇总凭证

10. 下列属于原始凭证的是（　　）。

A. 银行存款余额调节表　　B. 购销合同书

C. 银行对账单　　D. 账存实存对比表

三、多项选择题

1. 下列属于原始凭证的是（　　）。

A. 收款凭证　　B. 车票　　C. 增值税发票　　D. 累计凭证

2. 记账凭证填制的依据是（　　）。

A. 原始凭证汇总表　　B. 原始凭证

C. 累计凭证　　D. 付款凭证

3. 下列属于自制原始凭证的是（　　）。

A. 收款收据　　B. 差旅费报销单

C. 发票　　D. 商品出库单

4. 下列各项中，属于原始凭证的是（　　）。

A. 经济合同　　B. 银行手续费结算凭证

C. 发货单　　D. 飞机票

5. 下列凭证可以作为登记账簿的依据有（　　）。

A. 借款凭证　　B. 付款凭证　　C. 收款凭证　　D. 汇总凭证

6. 原始凭证必须满足的要求包括（　　）。

A. 真实可靠　　B. 内容完整　　C. 填制及时　　D. 书写规范清晰

7. 原始凭证应具备的内容有（　　）。

A. 原始凭证的名称和编号

B. 填制原始凭证的日期

C. 经济业务所涉及的数量、单价和金额

D. 填制单位名称或填制人员姓名

E. 经办部门或责任人员的签名或盖章。

8. 收款凭证借方科目可能填列的科目有（　　）。

A. 银行存款　　B. 库存现金　　C. 应收账款

D. 生产成本　　E. 固定资产

9. 记账凭证的基本内容包括（　　）。

A. 记账凭证的名称　　B. 填制记账凭证的日期

C. 记账凭证的编号　　D. 经济业务的内容摘要

E. 明细科目的名称、记账方向、金额　　F. 入账金额

G. 记账标记　　H. 原始凭证的张数

10. 对原始凭证的审核从实质上讲主要包括（　　）。

A. 真实性　　B. 合法性　　C. 合理性　　D. 效益性

四、判断题

（　　）1. 从会计工作的程序来看，取得、填制和审核会计凭证是会计工作的开始环节。

（　　）2. 原始凭证不能表明交易或事项归类的会计科目和记账方向。

（　　）3. 自制原始凭证必须由单位会计人员自行填制。

（　　）4. 记账凭证填制时出现错误，可按要求更改。

（　　）5. 原始凭证金额出现错误的，应采用划线更正法进行更正。

（　　）6. 收付款记账凭证既是出纳人员收付款项的依据，也是登记总账、库存现金和银行存款日记账及有关明细账的依据。

（　　）7. 所有记账凭证都必须附有原始凭证并如实填写所附原始凭证的张数。

（　　）8. 为了避免重复记账，企业将现金存入银行或者从银行提取现金的事项，一般只填制收款凭证，不填制付款凭证。

（　　）9. 在填制记账凭证时，可以只填会计科目的编号，不填会计科目名称，以简化记账凭证的填制。

（　　）10. 原始凭证仅是填制记账凭证的依据，记账凭证才是登记账簿的依据。

（　　）11. 任何会计凭证都必须经过有关人员的严格审核并确认无误后，才能作为记账的依据。

（　　）12. 企业每项交易或事项的发生都必须从外部取得原始凭证。

（　　）13. 在证明交易或事项发生，据以填制记账凭证的作用方面，自制原始凭证与外来原始凭证具有同等的效力。

(　　) 14. 只要是真实的原始凭证，就可以作为收付财物和记账的依据。

(　　) 15. 通用记账凭证的格式和填制方法，与转账凭证相同。

(　　) 16. 会计凭证的传递，是指原始凭证从取得到填制成记账凭证时止，在单位内部有关部门及人员之间的传递程序和传递时间

(　　) 17. 原始凭证不得外借，其他单位如因特殊需要使用原始凭证时，会计人员可以为其复制。

(　　) 18. 一式几联的原始凭证，应当注明各联的用途，只能以一联作为报销凭证。

(　　) 19. 保管期满的原始凭证，单位可以自行销毁。

(　　) 20. 从外单位取得的原始凭证如有遗失，必须由开具单位重新开具。

五、思考题

1. 请你谈谈原始凭证的填制应注意哪些问题。
2. 举例说明填制记账凭证应注意哪些问题。
3. 举例说明库存现金和银行存款之间的划转业务，如何填制记账凭证。

项目五　建立会计账簿

一、填空题

1. 会计账簿按照____________分，可分为序时账、分类账和备查账。

2. 三栏式账簿是设有____________、____________和____________三个栏目的账簿。

3. 库存现金日记账是用来逐日反映库存现金的_______________、_______________及________________情况的日记账。

4. 在登记账簿的时候，可能会出现错误的情况，出现错误后，一是要__________，二是要__________。

5. ____________是指企业、行政事业单位定期对会计账簿记录的有关数字与相关的会计凭证、库存实物、货币资金、有价证券、往来单位或者个人等进行相互核对，以保证账账相符、账证相符、账实相符的一项工作。

二、单项选择题

1. 下列账户的明细账采用的账页适用于三栏式账页的是（　　）。

A. 原材料　　B. 应收账款

C. 管理费用　　D. 销售费用

2. 总分类账簿一般采用（　　）。

A. 活页账　　B. 数量金额式

C. 订本账　　D. 卡片账

3. 收入费用明细账一般适用（　　）。

A. 多栏式明细账　　B. 三栏式明细账

C. 数量金额式明细账　　D. 平行式明细账

4. 库存现金和银行存款日记账，据有关凭证（　　）。

A. 逐日汇总登记　　B. 定期汇总登记

C. 逐日逐笔登记　　D. 一次汇总登记

5. 会计人员在填制记账凭证时，将810元错记为180元，并且已登记入账，月末结账时发现此笔错账，更正时应采用的便捷方法是（　　）。

A. 划线更正法　　B. 红字更正法

C. 补充登记法　　D. 核对账目的方法

6. 如果发现记账凭证所用的科目正确，只是所填金额大于应填金额，并已登记入账，应采用（　　）更正。

A. 划线更正法　　B. 红字更正法

C. 平行登记法　　D. 补充登记法

7. 日记账由（　　）逐日逐笔登记。

A. 会计人员　　B. 会计主管

C. 财务总监　　D. 出纳人员

8. 新年度开始启用新账时，可以继续使用不必更换新账的是（　　）。

A. 总分类账

B. 银行存款日记账

C. 固定资产卡片

D. 库存现金日记账

9. 以下哪项不符合账簿平时管理的具体要求（　　）。

A. 各种账簿应分工明确，指定专人管理

B. 会计账簿只允许在财务室内随意翻阅查看

C. 会计账簿除需要与外单位核对外，一般不能携带外出

D. 账簿不能随意交与其他人员管理

三、判断题

（　　）1. 序时账簿和分类账簿可结合在一本账簿中进行登记。

（　　）2. 会计年度终了，应将活页账装订成册，活页账一般只适用于总分类账。

（　　）3. 总分类账的登记，可以根据记账凭证登记，也可以根据科目汇总表或汇总记账凭证总登记。

（　　）4. 日记账是逐笔序时登记的，故月末不必与总账进行核对。

（　　）5. 对于记账过程中的数字错误，若个别数码错误，采用划线更正法时，只将错误划去并填上正确数码即可。

（　　）6. 在结账前，若发现登记的记账凭证科目有错误，必须用划线更正法予更正。

（　　）7. “原材料”账户的明细核算通常是采用三栏式明细账。

（　　）8. 库存现金日记账和银行存款日记账必须采用订本式账簿。

（　　）9. 会计人员根据记账凭证登账时，误将 2 000 元记为 200 元，更正这种错误应采用红字更正法。

（　　）10. 多栏式明细账格式适应有关费用、成本和收入、成果等科目。

四、业务题

1. 其企业 2019 年 1 月库存现金日记账的期初余额为 25 000 元，发生了下列现金收付业务：（1）2 号从银行提取现金 50 000 元；（2）5 号购买办公用品 500 元；（3）10 号发放工资 20 000 元，根据以上业务进行库存现金日记账的编写。

2. 更正下列错账。

（1）1 月 15 日，以银行存款支付办公费用 8 600 元，原记账凭证为：

借：管理费用　　　　　　　　6 800

　　贷：银行存款　　　　　　　　6 800

并据此登记入账。

（2）1 月 15 日，生产 A 产品领用材料一价值 15 000 元，原始凭证填制为：

借：生产成本——A 产品　　　　1 500

　　贷：原材料——材料一　　　　1 500

并据此登记入账。

项目六　核算经济业务

一、填空题

1. 投资者的出资方式可以分为__________、__________和__________三类。

2. 一年期的借款是__________借款。

3. 材料的采购成本包括____________________、____________________、____________________、____________________和____________________。

4. 企业在销售商品、提供劳务等日常活动中所产生的收入通过__________账户核算。

5. 销售材料的成本、出租固定资产的折旧额、出租无形资产的摊销额、出租包装物的成本或摊销额通过__________账户核算。

6. 企业按月计提折旧，在实际计提固定资产折旧时，当月增加的固定资产，当月__________，从下月起__________；当月减少的固定资产，当月__________，从下月起__________。

7. "本年利润"账户属于所有者权益类账户，用来核算企业实现的净利润或发生的净亏损。期末有关收入项目转入该账户的__________，期末有关费用类项目转入该账户的__________。

8. 固定资产盘盈、处置固定资产净收益、非货币性交易收益、出售无形资产收益、罚款净收入应当计入__________账户。

二、单项选择题

1. 企业收到投资者投入设备一台，原价 60 000 元，双方评估确认价 50 000 元，则实收资本账户贷方登记的金额为（　　）元。

A. 60 000　　B. 50 000　　C. 10 000　　D. 70 000

2. 不属于产品成本项目的费用有（　　）。

A. 直接材料　　B. 直接人工　　C. 制造费用　　D. 管理费用

3. 企业购入材料发生的运杂费等采购费用应计入（　　）。

A. 管理费用　　B. 材料物资采购成本

C. 生产成本　　D. 销售费用

4. 期末结转后可能有余额的账户是（　　）。

A. 生产成本　　B. 税金及附加　　C. 财务费用　　D. 制造费用

5. “主营业务成本”账户的借方余额登记从（　　）账户中结转的本期已售产品的生产成本。

A. 生产成本　　B. 库存商品　　C. 销售费用　　D. 在途物资

6. 8 月 31 日“本年利润”账户有贷方余额 50 000 元，表示（　　）。

A. 8 月实现利润 50 000 元

B. 8 月 31 日实现利润 50 000 元

C. 1 月 1 日至 8 月 31 日共计实现的利润为 50 000 元

D. 1 月 1 日年初未分配利润为 50 000 元

7. 企业应交纳的教育费附加应计入（　　）账户贷方。

A. 税金及附加　　B. 应交税费

C. 其他应付款　　D. 银行存款

8. 固定资产因损耗而减少的价值，应贷记（　　）账户。

A. 固定资产　　B. 累计折旧　　C. 管理费用　　D. 制造费用

9. 采购员出差预借差旅费时，应借记（　　）账户。

A. 其他应收款　　B. 管理费用　　C. 原材料　　D. 制造费用

10. 企业生产完工验收入库的产成品，应于月末确定其实际生产成本，从（　　）账户结转到“库存商品”账户。

A. 主营业务成本　　B. 制造费用　　C. 生产成本　　D. 本年利润

11. 年末，应将全年累计实现的净利润（或亏损）转入（　　）账户。

A. 本年利润　　B. 应付股利　　C. 利润分配　　D. 盈余公积

12. “销售费用”账户，用来核算企业在销售商品和材料、提供劳务的过程中发生的各种费用。其不包括（　　）。

A. 广告费　　B. 材料采购费　　C. 销售包装费　　D. 销售运输费

13. “所得税费用”账户的贷方登记（　　）。

A. 实际缴纳的所得税　　B. 转入“本年利润”账户的所得税

C. 应由本企业负担的税费　　D. 转入“生产成本”账户的税

三、多项选择题

1. 直接记入“管理费用”账户借方的支出有（　　）。

A. 职工报销的差旅费　　B. 管理部门的办公费

C. 广告费　　D. 捐赠支出

2. “盈余公积”账户的借方登记盈余公积金的支用，如（　　）。

A. 支付给投资者利润　　B. 转增资本金

C. 弥补亏损　　　　D. 留作以后继续分配

3. (　　) 属于期间费用。

A. 管理费用　　B. 制造费用　　C. 财务费用　　D. 销售费用

4. (　　) 应计入产品成本，记入“生产成本”账户。

A. 生产产品领用的材料　　　　B. 生产工人的工资

C. 管理部门人员工资及福利费　　　　D. 管理部门办公费

5. 应由企业负担，不记入“税金及附加”账户的税费有 (　　)。

A. 教育费附加　　　　B. 增值税

C. 城市维护建设税　　　　D. 所得税

6. “在途物资”账户，借方登记购入的货款已付但尚未验收入库的在途物资的 (　　)。

A. 采购员的差旅费　　B. 买价　　C. 采购费用　　D. 在途物资成本

7. 应记入“制造费用”账户的项目有 (　　)。

A. 生产车间的固定资产折旧费　　　　B. 生产车间机器设备的修理费

C. 管理部门的水电费　　　　D. 生产车间的办公费

8. 应付福利费是企业用于职工福利方面的耗费应记入 (　　)。

A. “生产成本”账户　　　　B. “制造费用”账户

C. “管理费用”账户　　　　D. “应付职工薪酬”账户

9. (　　) 属于销售费用。

A. 产品包装费　　B. 广告费　　C. 进货运杂费　　D. 产品展览费

10. 材料领用的核算可能涉及的账户有 (　　)。

A. 原材料　　B. 应付账款　　C. 生产成本　　D. 制造费用

四、判断题

(　　) 1. “本年利润”账户，在年度中间余额保留在本账户，不予转账。年末结转后应无余额。

(　　) 2. 固定资产因耗损而减少的价值应计入“固定资产”账户的贷方。

(　　) 3. “制造费用”账户期末在费用结转后一般没有余额。

(　　) 4. 企业购入材料，不论是否运达企业和是否验收入库，采购材料的实际支出都要记入“原材料”账户的借方。

(　　) 5. 盈余公积是按利润总额的一定比例计算提取的。

(　　) 6. 职工报销差旅费退回余额时应借记“其他应收款”账户。

(　　) 7. 职工福利费是用于职工医药费、职工生活困难补助等职工福利方面的资金。

(　　) 8. “制造费用”账户的贷方登记期末转入“本年利润”账户的费用。

(　　) 9. 向投资者分配利润，应借记“利润分配”账户。

(　　) 10. 产品销售成本 = 产品销售数量 × 单位售价

(　　) 11. “资本公积”账户的贷方余额表示投入资本的结余额。

(　　) 12. 生产车间使用固定资产计提的折旧属于间接费用。

(　　) 13. 公益救济性捐款属于企业营业外支出。

(　　) 14. 制造费用属于间接费用，与产品生产无直接联系不计入产品成本，可直接计入当期损益。

(　　) 15. 如果没有在产品则本月发生的费用就是本月完工产品成本。

五、简答题

1. 实收资本和资本公积账户的区别是什么？
2. 短期借款和长期借款有什么区别？
3. 原材料和在途物资账户的区别是什么？
4. 材料采购成本包括哪些内容？

六、实训题（完成下面业务的会计分录）

1. 收到发祥投入的机器设备，双方协商按设备的账面价值 80 000 元作为投入资本。

2. 收到 A 公司投入的商标权，双方协商以 60 000 元作为投入资本。

3. 向银行借入期限为 6 个月，年利率为 3% 的借款 20 000 元，存入银行。

4. 用银行存款偿还期限为 1.5 年期借款 59 000 元。

5. 木工厂购进甲材料 10 吨，每吨 1 000 元；乙材料 15 吨，每吨 800 元；丙材料 25 吨，每吨 600 元，共计货款 37 000 元，增值税 4 810 元。三种材料共发生运杂费 10 000 元，（运杂费按材料重量分配），货款及运杂费已通过银行支付，材料已验收入库。每种材料的采购成本分别是多少？计算并完成会计分录的编制。

6. 生产管理人员李媛预借差旅费 500 元，以现金支付。

7. 李媛报销差旅费 580 元，余款用现金支付。

8. 月末，预提本月应负担的银行借款利息 300 元。

9. 按规定计提本月份固定资产折旧 3 000 元。其中，生产管理部门使用的固定资产折旧 2 000 元，行政管理部门使用的固定资产折旧 1 000 元。

10. 仓库根据当月领料凭证，汇总如下：

生产甲产品耗用 A 材料 3 500 千克，单价 14.60 元；生产乙产品耗用 B 材料 1 800 千克，单价 20.00 元；生产车间一般耗用 A 材料 800 千克；行政管理部门耗用 B 材料 200 千克。（请做会计分录）

11. 月末，结转本月应付职工工资 12 000 元，其中生产 A 产品工人工资 4 000 元，生产 B 产品工人工资 3 000 元，车间管理人员工资 1 800 元，行政管理人员工资 3 200 元。

12. 月末，按职工工资总额的 14% 计提职工福利费 1 680 元，其中生产 A 产品职工应计提 560 元，生产 B 产品职工应计提 420 元，车间管理部门应计提 252 元，行政管理部门应计提 448 元。

13. 企业销售 A 产品 20 件，每件售价 300 元，按规定计算应交增值税 780 元，价税合计 6 780 元，已收到存入银行。

14. 企业采用托收承付结算方式销售 B 产品 40 件，每件售价 250 元，按规定计算应交增值税 1 300 元，商品已发出，代垫运费 200 元以银行存款支付，企业根据发票、账单等凭证，已向银行办妥托收手续，但货款尚未收到。

15. 企业销售 A 产品 30 件，每件售价 300 元，按规定计算应交增值税 1 170 元，商品已经发出并收到购货单位开出、承兑的商业汇票一张，金额为 10 170 元。

16. 企业售出甲材料 10 吨，价款 10 000 元，增值税 1 300 元，价税合计 11 300 元存入银行。

17. 月末计算并结转已售商品的销售成本，A 产品销售成本 5 000 元，B 产品的销售成本 4 500 元。

18. 结转出售甲材料的成本 9 000 元。

19. 企业以银行存款支付销售产品的广告费 300 元，装卸费 200 元。

20. 企业出租包装物，收到出租包装物租金收入 20 000 元，增值税 2 600 元，款项存入银行。

21. 收到甲公司的违法罚款利得 6 000 元转作营业外收入，并存入银行。

22. 用银行存款缴纳税款滞纳金 5 000 元

23. 月末，将损益类有关收入类账户的余额结转至“本年利润”账户，其中主营业务收入 70 000 元，其他业务收入 9 000 元，营业外收入 5 000 元，投资收益 1 500 元。

24. 月末，将损益类有关支出类账户的余额结转“本年利润”账户，其中主营业务成本 6 000 元，税金及附加 135 元，其他业务成本 6 000 元，销售费用 1 000 元，管理费用 2 365 元，财务费用 2 000 元，营业外支出 5 000 元。

25. 月末，按本月实现的利润总额 15 600 元，计算并结转应交纳的所得税（所得税率 25%）。

26. 年末，结转全年累计实现的净利润 280 000 元。

27. 年末，按全年净利润的 10% 提取法定盈余公积 28 000 元。

28. 年末，经研究决定本年向投资者分配利润 20 000 元。

项目七　做好财产清查

一、填空题

1. 财产清查就是通过对________和________的实地盘点和对________的查对，来确定________，________，________的实存数、并查明实存数同账存数是否相符的一种专门方法。

2. 财产物资的盘存制度——确定财产物资账面结存数量的核算方法——有两种：________和________。

3. 在实地盘存制下，本期减少数的计算公式为________，也称“以存计耗”或“以存计销”。

4. 财产清查按清查的范围分为________按清查的时间分为________。

5. 库存现金的清查，是通过________的方法来确定单位的库存现金实存数，然后与库存现金日记账的账面结存数进行核对，借以查明账实是否相符。

6. 在库存现金盘点结束时，应根据盘点结果，及时填制________，并由盘点人员和出纳人员共同签章。

7. 银行存款的清查与库存现金的清查方法不同，它是采用________的方法进行的。

8. 为了查明企业银行存款日记账的余额是否正确，同时也为了消除未达账项的影响，通常要编制________。

9. 比较常见的实物清查方法有两种：________和________。

10. ________是记录实物资产盘点结果的书面证明，也是反映实物资产实有数额的原始凭证。

11. 为了进一步核实清查结果与有关账簿记录的账面结存数是否相符，企业单位在“盘存单”填制、审核完毕后，应根据“盘存单”和有关账簿记录编制________。

12. 为了反映和监督企业在财产清查中查明的各种财产物资的盘盈、盘亏和毁损及其处理情况，应设置________账户。

13. 对清查中发现的库存现金短缺或溢余查明原因后，分别情况处理：如为库存现金短缺，属于应由责任人赔偿或保险公司赔偿的部分，应记入________科目；属于无法查明的其他原因，根据管理权限，经批准后记入________科目。如为库存现金溢余，属于应支付给有关人员或单位的，应记入____________科目，属于无法查明原因的，经批准后，应记入____________科目。

14. 盘盈的存货，应冲减当期的______________；盘亏的存货，在减去过失人或者保险公司等赔款和残料价值之后，计入当期______________，于非常损失的，计入______________。

二、单项选择题

1. 库存现金清查的方法是（　　）。

A. 抽样盘点法　　B. 技术测算法

C. 实地盘点法　　D. 与银行对账单核对

2. “实存账存对比表”是调整账面记录的（　　）。

A. 原始凭证　　B. 记账凭证　　C. 转账凭证　　D. 累计凭证

3. 对于大量、成堆、难以清点的财产物资，应采用的清查方法是（　　）。

A. 技术推算盘点法　　B. 查询核对法　　C. 实地盘点法　　D. 抽样盘点法

4. “待处理财产损溢”账户的借方余额表示（　　）。

A. 尚待处理的盘盈数　　B. 已处理的盘盈数

C. 尚待处理的盘亏和毁损数　　D. 已处理的盘亏和毁损数

5. 采用实地盘存制，平时账簿记录中不能反映的是（　　）。

A. 财产物资的盘盈数额

B. 财产物资的减少数额

C. 财产物资的购进业务

D. 财产物资的增加和减少数额

6. 对于盘亏的固定资产，按规定程序批准后，应按其净值借记的账户是（　　）。

A. 营业外支出　　B. 以前年度损益调整

C. 待处理财产损溢　　D. 固定资产清理

7. 永续盘存制的优点是（　　）。

A. 有利于加强存货的日常管理

B. 简化了存货的日常核算工作

C. 在品种规格多的企业，存货明细核算的工作量小

D. 省去了记录存货发出的经济业务

8. 企业盘盈的固定资产，未经批准前，需要通过（　　）账户进行核算。

A. “待处理财产损溢”　　B. “以前年度损益调整”

C. “营业外收入”　　D. “其他业务收入”

9. 对于库存现金的清查，应将其结果及时填列（　　）。

A. 盘存单
B. 实存账存对比表
C. 对账单
D. 库存现金盘点报告表

10. 盘盈固定资产的入账价值应当采用（　　）。

A. 原始价值
B. 重置价值
C. 历史成本
D. 重置价值减估计价值损耗

11. 对未达账项进行账务处理的时间是（　　）。

A. 编制银行存款余额调节表时
B. 待相关原始凭证到达时
C. 收到银行存款对账单时
D. 查明未达账项时

12. 由于管理不善、收发计量不准确等而产生的定额内损耗，造成的流动资产损失，应转作（　　）。

A. 管理费用
B. 生产成本
C. 营业外支出
D. 其他应收款

13. 若某期末企业银行存款日记账余额是 40 000 元，银行送来的对账单余额是 42 425 元，经对未达账项调节后的余额为 43 925 元，则企业在银行的实有存款是（　　）元。

A. 40 000　B. 43 925　C. 42 425　D. 3 925

14. “待处理财产损溢”账户的期末余额（　　）。

A. 可能在借方，也可能在贷方
B. 一般无余额
C. 一定在借方
D. 一定在贷方

15. 采用备抵法时，企业对于无法收回的应收账款应借记的会计科目是（　　）。

A. 营业外支出
B. 财务费用
C. 坏账准备
D. 待处理财产损溢

16. 限额领料单属于（　　）。

A. 一次凭证
B. 外来凭证
C. 汇总原始凭证
D. 累计凭证

17. 下列属于原始凭证的是（　　）。

A. 限额领料单
B. 银行存款余额调节表
C. 收款凭证
D. 转账凭证

三、多项选择题

1. 财产物资的盘存制度有（　　）。

A. 权责发生制　B. 收付实现制　C. 永续盘存制　D. 实地盘存制
E. 函证核对法

2. 以下项目应采用询证核对法的是（　　）。

A. 原材料　　B. 银行存款　　C. 应收账款　　D. 实收资本

E. 长期待摊费用

3. 采用实地盘点法清查的财产物资有（　　）。

A. 存货　　B. 库存现金　　C. 银行存款　　D. 应收应付款项

E. 实收资本

4. 使企业银行存款日记账余额小于银行对账单余额的未达账项是（　　）。

A. 银行先收款记账而企业未收款未记的款项

B. 企业先收款记账而银行未收款未记的款项

C. 企业先付款记账而银行未付款未记的款项

D. 银行先付款记账而企业未付款未记得款项

E. 银行和企业同时收款的款项

5. 财产清查按照对象和范围，可分为（　　）。

A. 定期清查　　B. 不定期清查　　C. 全面清查　　D. 局部清查

E. 抽样清查

6. 定期清查的时间一般是（　　）。

A. 月末　　B. 季末　　C. 企业合并时　　D. 年末

E. 企业、单位撤销时

7. 对于盘亏的财产物资，经批准后进行账务处理，可能涉及的借方账户有（　　）。

A. 待处理财产损溢　　B. 以前年度损益调整

C. 管理费用　　D. 营业外支出

E. 坏账准备

8. 下列选项中，关于全面清查的说法，正确的有（　　）。

A. 全面清查是对所有的财产进行全面盘点和核对

B. 对于各种贵重物资，应当每月盘点一次

C. 在清产核资时，为了准确核定资产，需要进行全面清查

D. 对于银行存款、借款，每月应当与银行核对一次

E. 对于库存现金，每日终了应当由出纳员清点核对

9. 在财产清查中，核对账目的方法适用于（　　）。

A. 库存现金的清查　　B. 往来账项的清查

C. 银行存款的清查　　D. 其他应收款的清查

E. 存货的清查

10. 借记“待处理财产损溢”账户，贷记有关账户，所反映的经济业务可能是（　　）。

A. 发现的盘盈　　B. 发现的盘亏

C. 批准处理的盘亏或发现的盘盈　　D. 批准处理的盘盈或发现的盘亏

E. 批准处理的盘亏或发现的盘亏

11. 编制“银行存款余额调节表”时，调节后的余额计算的方法是应以银行对账单余额（　　）。

A. 加银行未入账的收入款项　　B. 加企业未入账的收入款项

C. 减企业未入账的支出款项　　D. 减银行未入账的支出款项

E. 加银行未入账的支出款项

12. 财产清查的处理步骤是（　　）。

A. 核对数字，查明原因　　B. 调整账簿，做到账实相符

C. 调整凭证，做到账实相符　　D. 进行批准后的账务处理

E. 调节账簿，做到账实相符

13. 企业进行不定期清查的情况有（　　）。

A. 更换财产和现金保管人员时　　B. 发生自然灾害和意外损失时

C. 会计主体发生改变或隶属关系变动时

D. 企业关停并转、清产核资、破产清算时

E. 财税部门对本单位进行会计检查时

四、判断题

（　　）1. 财产清查时，如发现账存数小于实存数，即为盘亏。

（　　）2. 造成账实不符的原因，是工作上的差错。

（　　）3. 年终决算之前要进行全面清查，这属于定期清查。

（　　）4. 往来款项的清查采用实地盘点法。

（　　）5. 财产清查按照清查的执行单位不同，可分为全面清查和局部清查。

（　　）6. 对坏账损失的转销，不需要通过“待处理财产损溢”账户进行核算。

（　　）7. 核对账目法适用于短期借款的清查。

（　　）8. 坏账损失是指企业无法支付的应付款项。

（　　）9. 采用永续盘存制时，财产清查的主要目的是为了保证账证相符。

（　　）10. 对于库存现金的清查，一般采用实地盘点法。

（　　）11. 未达账项只存在于企业与银行之间。

（　　）12. 对库存商品的清查一般采用核对账项法，对银行存款的清查应采用实地盘点法。

(　　) 13. 财产清查的盘存制度有永续盘存制和实地盘存制。

(　　) 14. 更换财产物资和现金保管人时要进行全面清查，应属于不定期清查。

(　　) 15. 在财产清查中，不定期清查的适用范围包括上级机关、财政、审计、银行对企业进行会计检查。

五、简答题

1. 什么是财产清查？财产清查的作用？

2. 财产清查账实不符的原因是什么？

3. 存货的盘存制度包括哪两种？各自的含义和优缺点是什么？

4. 什么叫未达账项？未达账项产生的原因是什么？

5. 说明“待处理财产损溢”账户的用途与结构。

6. 如何进行存货盘盈、盘亏的账务处理？

六、业务处理题

1. 珠江公司 2019 年 6 月 30 日对存货和固定资产清查发现有关情况如下：

（1）库存 A 产品账面结存数量 2 000 件，单位成本 35 元，金额 70 000 元。实存 1 985 件，盘亏 15 件，价值 525 元。经查明系保管人员过失所致，经批准责令赔偿。

（2）甲材料账面结存数量 250 千克，每千克 20 元，金额 5 000 元，全部毁损，残值计价 100 元。经查明由于自然灾害所致，其损失经批准作为非常损失处理。

（3）发现账外机器一台，估计原价 8 000 元，七成新，原因待查，经批准做以前年度会计差错处理，该企业所得税率 25%，盈余公积提取比率 10%。

（4）乙材料账面结存数量 120 吨，每吨成本 100 元，价值 12 000 元，实存 118 吨，盘亏 2 吨，价值 200 元。经查明属于定额内损耗，经批准转销处理。

（5）丙材料账面结存数量 300 千克，每千克 10 元，价值 3 000 元；实存 310 千克，盘盈 10 千克，价值 100 元。经查明为收发计量差错原因造成，经批准转销处理。

（6）盘亏设备一台，账面原值 5 000 元，已提折旧 2 000 元。经查盘亏设备属保管不善造成，责成过失人赔偿 30%，其余在营业外支出中列支。

要求：根据以上资料，编制存货和固定资产清查的相关会计分录。

2. 珠江公司 2019 年 12 月 31 日对往来款项的清查中发现有关情况如下：

（1）长江公司尚欠货款 30 000 元，由于长江公司已由法院宣布破产，无能力偿还该欠款，经批准，予以转销（珠江公司采用备抵法核算）。

（2）应付黄河公司的一笔货款 20 000 元，因黄河公司撤销，长期无法联系导致无法偿还，经批准，予以转销。

要求：根据以上资料，编制往来款项清查的相关会计分录。

项目八　把握账务处理程序

一、单项选择题

1. 在会计核算中账簿组织、记账程序、会计报表的有机结合的形式称为（　　）。

A. 账簿组织　　B. 会计核算程序

C. 记账工作步骤　　D. 会计组织形式

2. 记账凭证核算程序的主要特点是（　　）。

A. 根据各种记账凭证编制汇总记账凭证　　B. 根据记账凭证逐笔登记总分类账

C. 根据各种记账凭证编制科目汇总表　　D. 根据汇总记账凭证登记总分类账

3. 记账凭证核算程序的适用范围是（　　）。

A. 规模大、业务量多的单位　　B. 采用单式记账的单位

C. 规模小、业务量少的单位　　D. 会计基础工作薄弱的单位

4. 各种会计核算程序的主要区别是（　　）。

A. 登记明细分类账的依据和方法不同　　B. 登记总分类账的依据和方法不同

C. 总账的格式不同　　D. 编制会计报表的依据不同

5. 直接根据记账凭证逐笔登记总分类账，这种核算程序是（　　）。

A. 记账凭证核算程序　　B. 科目汇总表核算程序

C. 汇总记账凭证核算程序　　D. 日记总账核算程序

6. 会计凭证方面，科目汇总表核算程序比记账凭证核算程序增设了（　　）。

A. 原始凭证汇总表　　B. 汇总原始凭证

C. 科目汇总表　　D. 汇总记账凭证

7. 科目汇总表核算程序下，会计凭证方面除设置收款凭证、付款凭证、转账凭证外，还应设置（　　）。

A. 科目汇总表　　B. 汇总收款凭证　　C. 汇总付款凭证　　D. 汇总转账凭证

8. 科目汇总表核算程序的缺点是（　　）。

A. 登记总分类账的工作量大　　B. 程序复杂，不易掌握

C. 不能对发生额进行试算平衡　　D. 不便于查对账目

9. 属于最基本的会计核算程序的是（　　）。

A. 记账凭证核算程序　　B. 汇总记账凭证核算程序

C. 科目汇总表核算程序　　D. 日记总账核算程序

10. 记账凭证核算程序的缺点是（　　）。

A. 不便于分工记账　　B. 程序复杂、不易掌握

C. 不便于查对账目　　D. 登记总分类账的工作量大

11. 会计报表是根据（　　）资料编制的。

A. 日记账、总账和明细账　　B. 日记账和明细分类账

C. 日记账和总分类账　　D. 明细分类账和总分类账

12. 规模较小、业务量少而单一的单位，一般采用的核算程序是（　　）。

A. 记账凭证核算程序　　B. 科目汇总表核算程序

C. 汇总记账凭证核算程序　　D. 多栏式日记账核算程序

13. 科目汇总表所汇总的范围是（　　）。

A. 全部科目的借方发生额　　B. 全部科目的贷方发生额

C. 全部科目的借方、贷方发生额　　D. 全部科目的借方、贷方余额

14. 科目汇总表核算程序是根据（　　）登记总账。

A. 收款凭证、付款凭证、转账凭证　　B. 汇总原始凭证

C. 科目汇总表　　D. 日记账

15. 一般地，科目汇总表核算程序适用于（　　）。

A. 规模大、业务量多的单位　　B. 采用单式记账的单位

C. 规模小、业务量少的单位　　D. 会计基础工作薄弱的单位

16. 总账账簿登记的依据和方法（　　）。

A. 记账凭证逐笔登记　　B. 汇总记账凭证定期登记

C. 取决于采用的会计核算组织形式　　D. 科目汇总表定期登记

二、多项选择题

1. 记账凭证核算程序的优点有（　　）。

A. 登记总分类账的工作量较小　　B. 核算程序简单明了，易于理解

C. 总分类账登记详细，便于查对账目　　D. 适用于规模大、业务量多的单位

2. 关于科目汇总表核算程序的说法，正确的有（　　）。

A. 科目汇总表核算程序可以大大减轻总账的登记工作

B. 科目汇总表核算程序可以对发生额进行试算平衡

C. 科目汇总表核算程序下总分类账能明确反映账户的对应关系

D. 科目汇总表核算程序适用于规模大、业务量多的单位

3. 在不同会计核算程序下，可以作为登记总分类账依据的有（　　）。

A. 记账凭证　　B. 科目汇总表　　C. 汇总记账凭证　　D. 多栏式日记账

4. 记账凭证核算程序下，应设置的会计凭证有（　　）。

A. 科目汇总表　　B. 收款凭证　　C. 付款凭证　　D. 转账凭证

5. 各种会计核算程序下，明细分类账可以根据（　　）登记。

A. 原始凭证　　B. 原始凭证汇总表

C. 记账凭证　　D. 科目汇总表

6. 在科目汇总表核算程序下，记账凭证是用来（　　）的依据。

A. 登记库存现金日记账　　B. 登记银行存款日记账

C. 登记明细分类账　　D. 登记总分类账

7. 我国采用的会计核算程序主要有（　　）。

A. 科目汇总表组织核算程序　　B. 记账凭证核算程序

C. 汇总记账凭证核算程序　　D. 多栏式日记账核算程序

E. 日记总账核算程序

8. 会计核算程序是指在会计核算中账簿组织、记账程序、会计报表的有机结合的形式称为（　　）。

A. 账簿组织　　B. 记账程序　　C. 会计报表　　D. 会计凭证

9. 科目汇总表是根据（　　）编制的。

A. 明细账和总账　　B. 收款凭证　　C. 付款凭证　　D. 转账凭证

三、判断题

（　　）1. 记账凭证核算程序的特点是直接根据汇总记账凭证逐笔登记总分类账和明细分类账，它是最基本的会计核算程序。

（　　）2. 汇总记账凭证核算程序是最基本的会计核算程序。

（　　）3. 科目汇总表程序可以简化总账的登记工作，所以适用于规模较大、经济业务较多的大中型企业单位。

（　　）4. 记账凭证是登记各种账簿的唯一依据。

（　　）5. 各种会计核算程序之间的主要区别在于登记总账的依据和方法不同。

（　　）6. 科目汇总表可以采用全部汇总和分类汇总两种汇总方式，但任何格式的科目汇总表都不能反映账户之间的对应关系。

（　　）7. 采用科目汇总表会计核算程序，总分类账、明细账和日记账均应根据科目汇总表登记。

（　　）8. 不论采用哪种会计核算程序，都必须设置日记账、总分类账和明细分类账。

（　　）9. 科目汇总表核算程序的缺点是不便于查对账目。

（　　）10. 不同会计核算程序下，编制会计报表的依据是相同的。

（　　）11. 记账凭证核算程序是其他会计核算程序的基础。

（　　）12. 记账凭证核算程序适用于一切企业。

(　　) 13. 科目汇总表核算程序不仅可以起到试算平衡的作用，而且可以反映账户之间的对应关系。

(　　) 14. 记账凭证和科目汇总表都是登记账簿的依据。

四、简答题

1. 三种账务处理程序的步骤中有哪些相同点?
2. 三种账务处理程序的步骤中最大的不同是什么?
3. 三种账务处理程序各有何优缺点，它们的适用范围是什么?

五、综合题

(一) 资料:

1. 金山工厂 20×× 年 3 月 1 日，各总分类账户余额如下:

总分类账户期初余额表

单位：元

账户名称	借方余额	账户名称	贷方余额
库存现金	900	累计折旧	285 000
银行存款	125 000	短期借款	80 000
其他应收款	200	应付账款	11 700
原 材 料	86 900	应交税费	3 000
库存商品	27 000	实收资本	600 000
固定资产	950 000	资本公积	70 300
		盈余公积	120 000
		利润分配	20 000
合　计	1 190 000	合　计	1 190 000

2. 该企业 3 月发生的经济业务如下:

(1) 1 日，收到投资者投入资本 50 000 元，存入银行。

(2) 2 日，生产甲产品领用 A 材料 5 000 千克，单价 10 元，B 材料 2 000 千克，单价 4 元。

(3) 4 日，采购员王会出差回来，报销差旅费 190 元，退回余款 10 元（原借款 200 元）。

(4) 5 日，从银行提取现金 50 000 元，准备发放工资。

(5) 5 日，用现金发放工资 50 000 元。

(6) 8 日，从星光工厂购入 A 材料 2 000 千克，买价 19 400 元，增值税 2 522 元，运杂费 600 元，款项用银行存款支付，材料已验收入库。

(7) 9 日，用银行存款归还短期借款 30 000 元。

(8) 10 日，用银行存款交纳城建税 2 100 元，教育费附加 900 元。

(9) 12 日，用银行存款归还前欠立达工厂购料款 11 300 元。

（10）13 日，销售给卫民工厂甲产品 200 件，单位售价 200 元，增值税计 5 200 元，款项已收存银行。

（11）15 日，用银行存款支付产品广告费 180 元。

（12）18 日，用现金支付办公用品费 280 元，其中生产车间 80 元，管理部门 200 元。

（13）20 日，生产甲产品领用 A 材料 1 000 千克，单价 10 元，车间领用 B 材料 50 千克，单价 4 元，管理部门领用 C 材料 100 千克，单价 3 元。

（14）20 日，用银行存款支付本季度的短期借款利息 250 元。

（15）25 日，用银行存款支付本月水电费 30 000 元，其中生产车间 22 000 元，管理部门 8 000 元。

（16）27 日，销售给胜利工厂甲产品 600 件，单位售价 200 元，增值税 15 600 元，款项已收存银行。

（17）31 日，结转本月应付职工工资 50 000 元，其中生产甲产品工人工资 30 000 元，车间管理人员工资 8 000 元，企业管理人员工资 12 000 元。

（18）31 日，由工会委员会提议，职工代表大会决定，企业管理层同意，按工资总额的 14% 发放职工福利费。

（19）31 日，计提本月固定资产折旧 2 000 元，其中生产车间 1 400 元，管理部门 600 元。

（20）31 日，结转本月制造费用 32 800 元。

（21）31 日，本月生产的甲产品 1 000 件全部完工，结转生产成本 135 000 元。

（22）31 日，结转本月销售 800 件甲产品的成本 108 000 元。

（23）31 日，本月销售甲产品计算应交的城建税 1 673 元，教育费附加 717 元。

（24）31 日，将本月销售产品取得的收入 160 000 元结转“本年利润”账户。

（25）31 日，将本月主营业务成本 108 000 元，销售费用 180 元，税金及附加 2 390 元，管理费用 22 970 元，财务费用 250 元结转“本年利润”账户。

（二）要求：

1. 根据经济业务，编制会计分录。

2. 编制科目汇总表。

科目汇总表

年　月　日　　　　至　日　汇字　　号

会计科目	账页	借方发生额	贷方发生额	记账凭证起讫号数
库存现金				
银行存款				
其他应收款				
原 材 料				
库存商品				

续表

会计科目	账页	借方发生额	贷方发生额	记账凭证起讫号数
生产成本				
累计折旧				
短期借款				
应付账款				
应付职工薪酬				
应交税费				
实收资本				
本年利润				
制造费用				
主营业务收入				
主营业务成本				
税金及附加				
销售费用				
管理费用				
财务费用				
合　计				

3. 月末，编制“总分类账户期末余额表”进行试算平衡。

总分类账户期末余额表

账户名称	借方余额	贷方余额
库存现金		
银行存款		
原材料		
库存商品		
固定资产		
累计折旧		
应付职工薪酬		
短期借款		
应交税费		
实收资本		
资本公积		
盈余公积		
利润分配		
本年利润		
合　计		

项目九　编写财务报告

一、填空题

1. 财务会计报告包括____________、____________和其他应当在财务会计报告中披露的相关信息和资料。

2. 会计报表至少应当包括____________、____________、现金流量表、所有者权益（股东权益）变动表和附注。

3. 财务会计报告按编制时间可以分为____________、____________、____________和月报。

4. 资产负债表是反映企业在____________的财务状况的报表。

5. 利润表是反映企业在____________的经营成果的报表。

6. 资产负债表是反映余额的报表，利润表是反映____________的报表。

二、单项选择题

1. 根据“收入－费用＝利润”填列的会计报表是（　　）。

A. 现金流量表　　B. 利润表

C. 资产负债表　　D. 所有者权益变动表

2. 资产负债表编制中，可以根据有关账簿记录直接填列的项目有（　　）。

A. 货币资金　　B. 存货　　C. 短期借款　　D. 未分配利润

3. 反映企业在某一特定日期财务状况的会计报表是（　　）。

A. 现金流量表　　B. 利润表

C. 资产负债表　　D. 所有者权益变动表

4. 资产负债表中的负债和所有者权益是按（　　）排列的。

A. 重要程度　　B. 偿还金额的大小

C. 收益的大小　　D. 偿还的先后顺序

5. 资产负债表中的资产是按（　　）排列的。

A. 资产的时间性　　B. 资产的重要性

C. 流动资产和非流动资产的类别　　D. 资产的收益性

6. 根据我国企业会计准则的规定，企业资产负债表的格式是（　　）。

A. 报告式　　B. 账户式　　C. 多步式　　D. 单步式

7. 在利润表中，从利润总额中减去（　　），得出净利润。

A. 应交所得税　　B. 利润分配数　　C. 销售费用　　D. 所得税费用

8. 反映企业在一定会计期间经营成果的会计报表是（　　）。

A. 资产负债表　　B. 所有者权益变动表

C. 现金流量表　　D. 利润表

9. 根据“资产 = 负债 + 所有者权益”填列的会计报表是（　　）。

A. 现金流量表　　B. 利润表

C. 资产负债表　　D. 所有者权益变动表

10. 小企业编制的会计报表可以不包括（　　）。

A. 现金流量表　　B. 利润表

C. 资产负债表　　D. 所有者权益变动表

三、多项选择题

1. 按编制时期财务会计报告分为（　　）。

A. 年度财务报表　　B. 中期财务报表

C. 半年度财务报表　　D. 月度财务报表

2. 企业会计报表按其反映的经济内容分为（　　）。

A. 财务状况报表　　B. 外部财务报表　　C. 经营成果报表　　D. 合并财务报表

3. 属于中期财务报表的有（　　）。

A. 年度财务报表　　B. 季度财务报表　　C. 半年度财务报表　　D. 月度财务报表

4. 企业年末需要编制和报送的会计报表有（　　）。

A. 资产负债表　　B. 利润表

C. 所有者权益变动表　　D. 现金流量表

5. 财务会计报告的编制要求是（　　）。

A. 数字真实　　B. 计算准确　　C. 内容完整　　D. 报送及时

6. 财务会计报告包括（　　）。

A. 会计报表　　B. 附注　　C. 利润分配表

D. 其他应当在财务会计报告中披露的相关信息和资料

7. 我国企业的利润表采用多步式，分步计算的利润指标有（　　）。

A. 营业利润　　B. 营业外收支　　C. 利润总额　　D. 净利润

8. 属于资产负债表中所有者权益的项目是（　　）。

A. 实收资本　　B. 资本公积　　C. 盈余公积　　D. 未分配利润

9. 企业会计报表至少应当包括（　　）。

A. 资产负债表　　B. 利润表

C. 现金流量表　　D. 所有者权益变动表

10. 属于在资产负债表中直接填列的项目有（　　）。

A. 应付职工薪酬　B. 存货　C. 实收资本　D. 应收账款

11. 属于在资产负债表中分析计算后填列的项目有（　　）。

A. 货币资金　B. 未分配利润　C. 短期借款　D. 固定资产

12. 资产负债表左方包括（　　）等项目。

A. 流动资产　　B. 流动负债和非流动负债

C. 非流动资产　　D. 所有者权益

13. 填列资产负债表期末余额，可以分别采用的具体方法有（　　）。

A. 根据有关账户的期末余额直接填列

B. 根据有关账户的期初余额分析计算后填列

C. 根据有关账户的本期发生额直接填列

D. 根据有关账户的期末余额或账面价值资料进行分析计算后填列

14. 利润表中有关项目是根据（　　）分析填列的。

A. 损益类有关总账账户的借方发生额　　B. 损益类有关总账账户的借方余额

C. 损益类有关总账账户的贷方发生额　　D. 损益类有关总账账户的贷方余额

15. 资产负债表中的“存货”项目应根据（　　）等项目的期末合计数填列。

A. 材料采购　B. 原材料　C. 生产成本　D. 库存商品

四、判断题

（　　）1. 资产负债表是反映企业在一定时期内财务状况的报表。

（　　）2. 会计报表应当根据经过审核的会计账簿记录和有关资料编制。

（　　）3. 资产负债表是以“资产 = 负债 + 所有者权益”的平衡式为依据的。

（　　）4. 编制会计报表的主要目的就是为会计报表使用者决策提供信息。

（　　）5. 中期财务报表一般是指企业于年度中期末、季末和月末编报的会计报表。

（　　）6. 根据利润表，可以分析、评价企业的盈利状况并预测企业未来的损益变化趋势及获利能力。

（　　）7. 半年度财务报表是指在每个会计年度的前六个月结束后对外提供的财务报表。

（　　）8. 资产负债表中的“流动资产”各项目是按照资产的流动性由弱到强排列的。

（　　）9. 会计报表的使用人主要是企业内部管理部门。

(　　) 10. 按照《企业会计准则》的规定，我国企业的利润表采用账户式结构。

五、综合题

1. 资料：N 公司 2019 年 12 月 31 日总账及其有关所属的明细账余额如下。

N 公司 2019 年 12 月 31 日有关账户余额表

单位：元

总分类账户	余额		明细分类账户	余额	
	借　方	贷　方		借　方	贷　方
库存现金	8 000				
银行存款	159 000				
应收账款	106 000		甲公司	85 000	
			乙公司	21 000	
材料采购	21 000				
原 材 料	59 000				
库存商品	40 000				
生产成本	30 000				
固定资产	440 000				
累计折旧		40 000			
短期借款		80 000			
应付账款		85 000	A 公司		58 000
			B 公司		27 000
应交税费		17 000	应交增值税		17 000
实收资本		600 000			
盈余公积		6 000			
本年利润		31 000			
利润分配		4 000			
合　　计	863 000	863 000			

要求：根据上述资料编制资产负债表（“年初余额”栏略）。

资产负债表

会企 01 表

编制单位：　　　　　　　　　　　　　年　月　日　　　　　　　　　　　　单位：元

资　　产	期末余额	年初余额	负债及所有者权益	期末余额	年初余额
流动资产：		略	流动负债：		略
货币资金			短期借款		
应收票据			应付票据		
应收账款			应付账款		
其他应收款			应付职工薪酬		
存货			应交税费		
流动资产小计			其他应付款		
非流动资产：			流动负债合计		
长期股权投资			非流动负债：		
固定资产			长期借款		
无形资产			应付债券		
长期待摊费用			非流动负债合计		
非流动资产小计			负债合计		
			所有者权益：		
			实收资本		
			资本公积		
			盈余公积		
			未分配利润		
			所有者权益合计		
资产总计			负债及所有者权益总计		

2. 资料：S 公司 2019 年 12 月损益类账户发生额资料如下表（所得税税率为 25%，假定计算所得税费用时不考虑其他纳税调整事项）。

损益类账户发生额资料

2019年12月　　　　单位：元

账户名称	本期发生额	
	借　方	贷　方
主营业务收入		1 230 000
主营业务成本	720 000	
税金及附加	26 000	
销售费用	21 000	
管理费用	95 000	
财务费用	10 000	
投资收益	15 000	
其他业务收入		30 000
其他业务成本	15 000	
营业外收入		35 000
营业外支出	18 000	

要求：根据上述资料编制利润表。

利润表

编制单位：　　　　年　月　　　　单位：元

项　　目	本期金额	上期金额
一、营业收入		
减：营业成本		
税金及附加		
销售费用		
管理费用		
财务费用		
加：投资收益（损失以“－”号填列）		
二、营业利润（亏损以“－”号填列）		
加：营业外收入		
减：营业外支出		
三、利润总额（亏损总额以“－”号填列）		
减：所得税费用		
四、净利润（净亏损总额以“－”号填列）		

融媒体版
入眼·入脑·入手
易教·乐学

"十四五"职业教育国家规划教材

基础会计

JICHU KUAIJI

主　编◎张成武
副主编◎陈红雨　陈　娟　王支宝

北京师范大学出版集团
BEIJING NORMAL UNIVERSITY PUBLISHING GROUP
北京师范大学出版社

图书在版编目（CIP）数据

基础会计 / 张成武主编 . —北京：北京师范大学出版社，2019.8（2025.9 重印）

ISBN 978-7-303-24854-4

Ⅰ . ①基…　Ⅱ . ①张…　Ⅲ . ①会计学 – 中等专业学校 – 教材　Ⅳ . ① F230

中国版本图书馆 CIP 数据核字（2019）第 150190 号

出版发行：北京师范大学出版社 www.bnup.com
北京市西城区新街口外大街 12-3 号
邮政编码：100088

印　　刷：天津旭非印刷有限公司

经　　销：全国新华书店

开　　本：787 mm × 1092 mm　1/16

印　　张：13.75

字　　数：260 千字

版　　次：2019 年 8 月第 1 版

印　　次：2025 年 9 月第 4 次印刷

定　　价：35.80 元（含习题册）

策划编辑：鲁晓双　　责任编辑：薛　萌

美术编辑：焦　丽　　装帧设计：华泰图文

责任校对：陈　民　　责任印制：赵　龙

读者服务电话：010-58806806

如发现印装质量问题，影响阅读，请联系印制管理部：010-58800608

编写说明

中等职业学校会计专业是要培养与我国社会主义市场经济建设要求相适应，具有积极的人生态度和诚信、敬业的良好职业素质，熟悉国家经济法律法规，面向中小型企事业单位，从事收银、会计、出纳与会计服务等工作并熟练掌握会计电算化的技术技能型人才。

为适应我国经济发展对会计人才的需求，落实党的二十大报告中关于“产教融合、科教融汇”等相关精神，深化职业教育产教融合，大力推行 1+X 证书制度，编写组本着“必须、够用”的原则编写了这本《基础会计》，力求学生在掌握专业知识的同时，也能掌握会计工作现场需要的各项基本技能。

2022 年 5 月 1 日，正式实施新修订的《职业教育法》首次以法律形式提出了“建设技能型社会”的愿景，党的二十大报告中指出，“坚持尊重劳动、尊重知识、尊重人才、尊重创造”，努力造就更多“卓越工程师、大国工匠、高技能人才”，因此，本书编写时注重突出以下特色：

一、本教材以新修订的《企业会计准则》及相关细则为依据，参考会计人员职称考试要求，充分体现国家财经政策、法规的改革内容，注意反映会计工作实践中出现的新情况和新问题。

二、本教材的编写力求通俗易懂、简单实用，以项目任务为导向，注重对知识应用能力和实践能力的培养，突出操作、强化技能，让学生在“做中学”“学中做”。

三、本教材是一本融合媒体教材，配备丰富的微课资源，帮助学生理解重难点内容。

四、本教材配有习题册，便于帮助学生巩固所学知识，及时检查自身的学习情况。

本教材由安徽科技贸易学校张成武、丁绍元、陈红雨、柳传尚、王支宝、徐祖留、陈娟、范静云、许璐、朱静如等教师编写完成。在编写过程中得到了马鞍山智信财务咨询有限公司、蚌埠天源财务会计服务有限公司的大力支持，在此一并致谢！

由于编者的水平和经验有限，加之时间仓促，书中难免存在不足和错误之处，敬请读者批评指正。

编　者

目　录

项目一　走进会计王国

学习目标

1. 会计的产生与发展。
2. 会计的基本职能。
3. 会计对象和会计核算的具体内容。
4. 会计基本假设。

项目导入

晓苹和晓凡是孪生姐弟，今年他们都考上了本市职业学校五年制大专，弟弟晓凡喜欢玩计算机就报了计算机应用技术专业。爸爸、妈妈在镇上开了家小超市，想让晓苹将来能帮他们算账、收钱，就让姐姐晓苹报会计专业。会计专业是学什么的？会计是怎么产生的？会计又是做什么的？晓苹感到很疑惑。现在就让晓苹跟随我们一起走进会计王国这个大千世界吧！

任务一　初识会计王国

一、了解会计的产生与发展

会计是伴随人类生产实践和经济管理的客观需要而产生，并随着生产力的不断发展而完善起来的。会计的产生与发展分为四个阶段。

（一）会计萌芽阶段

会计萌芽阶段一般是指奴隶社会以前一段较漫长的时期，原始部落的首领通过堆石、刻竹、结绳等方法对劳动过程、成果及分配进行记录，这些只是生产过程的附带部分，其标志是没有专门的会计职业。

（二）古代会计阶段

古代会计阶段一般是指复式记账法出现以前的时期（奴隶社会至15世纪）。我国早在西周时代就设有专门核算官方财赋收支的官职——司会，并对财物收支采取了“月计岁会”的办法，“零星算之为计，总合算之为会”，最早出现了“会计”一词，并初步具有旬报、月报和年报等会计报表的雏形。西汉时代出现了名为“簿书”和“计簿”的账册。

（三）近代会计阶段

近代会计大约是15世纪到20世纪50年代，这一阶段是从运用复式簿记开始的。早在我国宋代，就发明了“四柱清册”的记账方法，即“旧管＋新收－开除＝实在”，奠定了中式复式记账的基础。明朝出现了“龙门账”，它将全部账目分为四部分，其关系为：“进－缴＝存－该”，分别相当于现代会计的收入、支出、资产和负债，期末编制“进缴表”（资产负债表）和“存该表”（利润表）。封建时期的会计主要从事政府财务的管理，因此这一阶段的会计，叫作“官厅会计”。会计核算采用单式记账，并产生了从事这一工作的专职人员。

有两个重要事件，被称为近代会计发展史上的两个里程碑：一是复式簿记的产生；二是世界上第一个会计师协会的成立。在近代会计阶段，会计的特点是以货币作为主要计量单位，具有独立的管理职能，以企业会计为主，会计核算采用复式记账，形成一套完整的会计核算方法，使会计成为一门科学。

知识拓展

1494年，意大利数学家卢卡·巴其阿勒出版了世界上第一部关于复式簿记的专著《算术、几何、比与比例概要》，对借贷复式记账做了系统的介绍，是近代会计形成的标志。

1854年世界上第一个会计师职业组织——苏格兰特许会计师协会——成立，简称ICAS（The Institute of Chartered Accountants of Scotland），ICAS总部位于爱丁堡。

（四）现代会计阶段

现代会计阶段是指20世纪50年代以后的时期，随着社会经济的发展和管理要求的不断提高，会计所计算和考核的内容、范围及所要达到的目的和要求，都在不断发展和变化，服务对象也由企业内部扩展到企业外部的投资者、债权人和政府部门。另外，科学技术水平的提高也对会计的发展起了很大的作用，会计与现代数学、现代管理科学的结合，特别是电子计算机技术引入会计领域之后，使会计在操作方法上有了根本性的变化。特别是成本会计的出现和不断完善，形成了管理会计，由此产生了两大会计分支，即财务会计和管理会计。在这一阶段，会计的特点是为适应竞争的需要，会计分为财务会计和管理会计两大分支。会计理论逐渐形成，会计规范逐渐国际化，由注册会计师对会计报表的真实性、公允性发表审计意见。

德育小课堂——延伸阅读

会计人物：中国注册会计师第一人——谢霖

谢霖（1885—1969）字霖甫，江苏武进人，男，是中国会计界的先驱、知名会计学者、中国会计师制度的创始人、会计改革实干家和会计教育家，以及中国第一位注册会计师和第一个会计师事务所的创办者。谢霖少年东渡日本，攻读明治大学商科，获商学学士学位。1904 年回国后，应试经济特科，清政府收入商科举人学衔。

谢霖坚持“母实业而父教育”的宗旨，在担任各种职务的同时十分重视会计教育，为我国会计科学发展和会计工作实践做出了巨大贡献。谢霖一生投身于教育事业和著书立说，他的著作中最强调的就是“实用”这两个字。他还重视理论联系实践，将会计理论与相关的规章制度相结合，重视会计的业务性和思想性相互结合和统一。作为中国注册会计师第一人，谢霖的爱国思想、开拓精神及对教育和科研的严谨态度，一直是后人学习的榜样。他引入的借贷记账法、创建的注册会计师制度，以及不遗余力地推进会计改革的精神直接影响了我国近现代会计制度的发展，他在我国会计史上占有着重要的地位。

二、知悉会计的概念及职能

（一）理解会计的概念

会计是经济管理的重要组成部分，它是以货币计量为基本形式，以会计凭证为依据，运用专门的方法，对经济活动进行核算和监督的一种经济管理活动。

会计的概念包含以下三个方面的内容：

（1）会计的本质是一种管理活动；

（2）会计的基本职能是核算和监督；

（3）会计的主要特点是以货币为基本形式。

知识拓展

会计中的“计”和“记”

“记”字侧重于记录，“计”字侧重于计量。“记账”的过程是把已经发生的交易或事项如实地记录在账簿中，不能写成“计账”。

（二）掌握会计的职能

人类进入21世纪后，一个信息化、网络化和以知识驱动为基本会计特征的新经济、新零售时代的出现，特别是计算机技术在会计数据处理中的应用，使得会计电算化的应用范围不断扩大，会计工作的效能显著提高。大量的实践证明，经济越发展会计越重要，会计职能也相应扩展。会计的职能是指会计在经济管理过程中固有的、内在的客观功能，具体见图1–1。

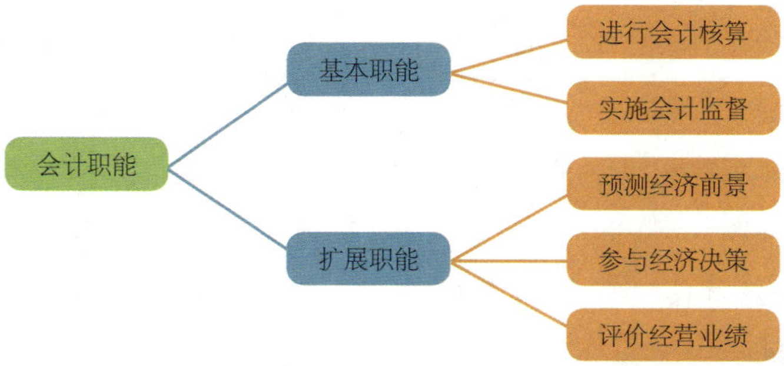

图1–1　会计职能

1. 会计的基本职能

《中华人民共和国会计法》对会计的基本职能表达为：会计核算与会计监督。马克思称会计的职能为“过程的控制和观念的总结”。

（1）熟悉会计的核算职能。

会计的核算职能也称会计的反映职能，是指会计以货币为主要计量单位，通过确认、计量、记录、计算和报告等环节，对特定主体的经济活动进行记账、算账、报账，为各个有关方面提供会计信息的功能。

会计核算是指运用价值量对经济活动过程和结果进行连续、系统、综合的记录、计算、加工、整理、汇总并提供财务会计信息的过程。通俗地讲就是从事记账、算账、报账的工作，它是会计工作的基本环节。记账就是会计人员运用会计方法把企业发生的经济业务记录下来；算账就是在记账的基础上运用一定的方法计算出企业的收入、成本、费用、利润等会计指标；报账就是通过编制会计报表方式报告企业的财务状况和经营成果。

会计核算职能从时间上看可以分为：事前、事中和事后核算。

①事前核算主要有预测前景、进行计划和参与决策等形式。

②事中核算主要是对计划的执行进行控制，使得会计主体的经济活动按计划或预期的目标进行。

③事后核算主要有记账、算账、报账、分析和考核等形式。

（2）了解会计的监督职能。

会计的监督职能监督本身的含义是“监察”和“督促”。

会计监督是指会计人员按照管理的目的和要求，在进行会计核算的同时，对特定主体经济业务的真实性、合法性、合理性进行审查，并对经济行为进行必要的干预，促使经济活动按照规定要求进行以达到预期目的功能，也称控制职能。

会计监督有两个特点：①会计监督主要是利用核算职能提供的各种指标进行货币监督；②会计监督是在会计核算各项经济活动的同时进行的，包括事前监督、事中监督和事后监督。

（3）认识会计核算与监督职能的关系。

会计核算与会计监督两项基本职能之间存在相辅相成、辩证统一的关系。核算是监督的基础，没有会计核算所提供的信息，监督就失去了依据；而会计监督又是会计核算的延续和深化，二者相辅相成，缺一不可。

2. 会计的扩展职能

（1）预测经济前景。

预测经济前景是指根据财务会计报告等信息，定量或定性地判断和推测经济活动的发展变化规律，以指导和调节经济活动，提高经济效益。

（2）参与经济决策。

参与经济决策是指根据财务会计报告等信息，运用定量分析和定性分析方法，对备选方案进行经济可行性分析，为企业生产经营管理提供与决策相关的信息。

（3）评价经营业绩。

评价经营业绩是指利用财务会计报告等信息，采用适当的方法，对企业一定经营期间的资产运营、经济效益等经营成果，对照相应的评价标准，进行定量及定性对比分析，做出真实、客观、公正的综合评判。

德育小课堂——案例分析

关键时刻的人情关

某公司正在搞一个大型的员工春节联欢会，突然有一名办公室的员工拿着一张给公司员工购买冲锋衣的发票找到财务经理签字，但是没有办理入库和领用手续，按公司制度这是不合理的。供应商说计划年前给他们的员工发工资，能否通融一下，先签字付款，年后补手续。财务经理说不可以便拒绝了。但这名员工后来直接找到主席台上的董事长签字并付款了。财务经理自认为没有错误，但是他仍然受到了批评，被批评的理由就是不够灵活。年后，公司安排内部审计的时候，发现几十件冲锋衣的发票没有入库单据，供应商并未发货入库，公司最终让供应商退回款项。

说“可以”很容易，说“不”却很难。财务经理根据职业判断和职业道德的信仰，阻止公司利益的流失。财务经理做对了吗？

（三）了解会计的特点

1. 以货币为主要计量尺度

在日常经济核算过程中，人们通常使用三种量度：实物量度、劳动量度和货币量度。实物量度以财产物资的实物数量（如升、吨、千克、米等）作为计量单位；劳动量度以时间（如工作日、工时、小时等）为单位计算劳动消耗量。实物量度、劳动量度很难相互转化，只有货币量度是统一的、主要的计量形式，其他一切量度都要转化为货币量度。因此，会计核算采用货币量度的形式来核算和监督再生产过程，是取得各项经济指标的最佳选择。

2. 以合法的原始凭证作为核算依据

原始凭证是单位进行会计核算的原始资料和唯一依据，是经业务责任人签字后形成的真实记录，一般具有法律效力。即使完全实行会计电算化的单位，也应该依据合法原始凭证进行会计核算。

3. 具有连续性、全面性、系统性和综合性的特点

再生产过程连续不断，连续性是会计要对经济业务按照其发生的时间顺序连续不断地进行记录；全面性是应该对大量的、繁杂的全部经济业务进行记录；系统性和综合性是按照制度的规定对经济业务进行科学的分类、汇总、整理、计算，以便取得各种综合性的有用的经济指标。会计核算的连续性、系统性、综合性和全面性是由会计的目的所决定的。

4. 具有一套科学完整的会计核算方法

会计核算和监督企业经济业务，有一套科学完整的方法，通过这些方法对经济业务进

行科学的确认、分类、汇总、计算整理，这些会计核算方法相互联系、相互作用，系统、综合地反映出来，以达到会计管理的最终目的。

任务二　认识会计基本假设

会计基本假设或会计假定又称会计核算的基本前提，是指对会计核算的空间范围、时间界限和计量方式所做的合理设定。这种合理的判断构成了企业会计核算的基本前提和出发点，是处理会计信息、编制财务会计报告的理论依据，也是会计准则中规定的各种程序和方法适用的前提条件。

会计的基本假设包括会计主体假设、持续经营假设、会计分期假设和货币计量假设，具体见图 1-2。

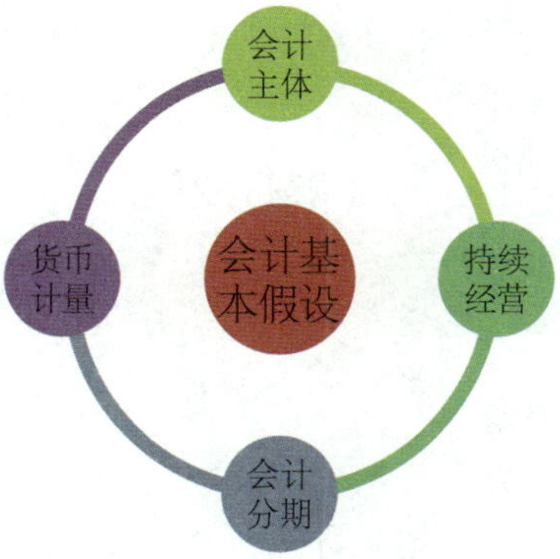

图 1-2　会计基本假设

一、认识会计主体

会计主体是指会计所核算和监督的特定单位或组织，会计主体是指会计信息所反映的企业，它规范了会计工作的空间范围，也可以说是会计确认、计量和报告的空间范围。这个特定单位或组织可以是一个企业，也可以是由若干家企业组成的集团公司。

明确界定会计主体是开展会计确认、计量和报告工作的重要前提。

（1）明确会计主体，才能划定会计所要处理的各项交易或事项的范围。

（2）明确会计主体，才能把握会计处理的立场。

（3）明确会计主体，才能将会计主体的经济活动与会计主体所有者的经济活动区分开。

例如，企业所有者的经济交易或者事项是基于企业所有者主体所发生的、不应纳入企业会计核算的范围，但是企业所有者投入企业的资本或者企业向所有者分配的利润，则属于企业主体所发生的交易或者事项，应当纳入企业会计核算的范围。

因此，在会计主体假设下，企业应当对其本身发生的交易或者事项进行会计确认、计量和报告，反映企业本身所从事的各项生产经营活动，并将其与其他经济实体的活动区别开来，才能向财务报告使用者提供对其决策有用的信息。

会计主体不同于法律主体。一般来说，法律主体必然是会计主体，但会计主体不一定是法律主体。如企业作为一个法律主体，应当建立财务会计系统，独立反映其财务状况、经营成果和现金流量。而在企业集团的情况下，一个母公司拥有若干子公司，虽然母公司与子公司是不同的法律主体，但是母公司对子公司拥有控制权，为了全面反映企业集团的财务状况、经营成果和现金流量，就有必要将企业集团作为一个会计主体，编制合并会计报表。企业集团是会计主体，但通常不是一个独立的法人。

每一个会计主体不仅与其他会计主体相区别，而且独立于其本身的所有者之外，在核算中必须将该主体的所有者、内部职工、其他经济实体的财务活动与该主体本身的财务活动严格区分开。同时会计核算所反映的是一个特定会计主体的经济业务，而不是其他会计主体的，这就要求会计人员明白，他们必须站在这个特定会计主体的立场上开展会计工作。

二、了解持续经营

持续经营是指在可以预见的将来，会计主体将会按当前的规模和状态持续经营下去，在可以预见的将来不会面临破产或进行清算，所持有的资产将正常营运，所承担的债务将正常偿还。

企业会计确认、计量和报告应当以持续经营为前提，它明确了会计工作的时间范围。

企业是否持续经营，在会计原则、会计方法的选择上有很大差别。一般情况下，应当假定企业将会按照当前的规模和状态持续经营下去。明确这个基本假设，就意味着会计主体将按照既定用途使用资产，按照既定的合约条件清偿债务，会计人员就可以在此基础上选择会计原则和会计方法。如果判断企业会持续经营，就可以假定企业的固定资产会在持续经营的生产经营过程中长期发挥作用，并服务于生产经营过程。例如，只有在持续经营的前提下，企业的资产才能按历史成本计价，固定资产才可以按其使用年限计提折旧，将历史成本分摊到各个会计期间或相关产品的成本中。如果判断企业不会持续经营，固定资产就不应采用历史成本进行记录并按期计提折旧。如果企业不具备持续经营的前提条件，而是已经或即将停止营业、进行清算，则需要处理其全部资产，清理其全部债权债务。在这种情况下，会计处理要采用破产清算。

三、学会会计分期

会计分期又称会计期间，是指将一个企业持续经营的生产经营活动划分为一个个连续的、长短相同的期间。会计分期的目的在于通过会计期间的划分，将持续经营的生产经营活动划分成连续、相等的期间，据以结算盈亏，按期编报财务报告，从而及时向财务报告使用者提供有关企业财务状况、经营成果和现金流量的信息。

在会计分期假设下，企业应当划分会计期间，分期结算账目和编制财务报告。会计期间是会计工作中为核算生产经营活动或预算执行情况所规定的起讫日期。会计期间通常分为年度和中期。中期是指短于一个完整的会计年度的报告期间。中期一般指半年度、季度、月度等。会计年度一般采用日历年度，自公历 1 月 1 日起至 12 月 31 日止。世界各国企业的会计年度起讫日期并不统一，例如：有的企业以本年的 7 月 1 日至次年的 6 月 30 日为一个会计年度，有的企业以本年的 4 月 1 日至次年的 3 月 31 日为一个会计年度。

根据持续经营假设，一个企业将按当前的规模和状态持续经营下去。但是，无论是企业的生产经营决策还是投资者、债权人等的决策都需要及时的信息，都需要将企业持续的生产经营活动划分为一个个连续的、长短相同的期间，分期确认、计量和报告企业的财务状况、经营成果和现金流量。

明确会计分期假设意义重大。该会计前提的意义：界定了会计核算的时间段落，为权责发生制、划分收益性支出与资本性支出等会计原则奠定了理论与实务基础。正因为有了会计分期，所以产生了当期与以前期间、以后期间的差别，才使不同类型的会计主体有了记账的基准，进而出现了折旧、摊销等会计处理方法。

从理论上讲，将会计年度的起讫点定在企业经营活动的淡季（如果有的话）比较适宜，因为在企业经营活动的淡季，各项会计要素的变化较小，便于对会计要素进行计量，特别是便于计算确定本会计年度的盈亏，而且由于淡季的经济业务较少，会计人员有较为充裕的时间办理年度结算业务，便于及时编制财务会计报告。西方国家许多企业的会计年度结算日就是处于营业活动的淡季。然而，将会计年度的起讫日定在营业活动的淡季也有其局限性，这主要表现在淡季资产负债表所反映的年末财务状况往往缺乏代表性，如年末偿债能力有可能比年中其他时间要好。

四、掌握货币计量

货币计量是指会计主体在财务会计确认、计量和报告时以货币计量反映会计主体的生产经营活动。

货币计量是指企业在会计核算中要以货币为统一的主要的计量单位，记录和反映企业生产经营过程和经营成果。会计主体的经济活动是多种多样、错综复杂的。为了实现会计目的，必须综合反映会计主体的各项经济活动，这就要求有一个统一计量尺度。在会计的确认、计量和报告过程中之所以以货币为基础进行计量，是由货币本身的属性决定的。货币是商品的一般等价物，是衡量一般商品价值的共同尺度，具有价值尺度、流通手段、贮藏手段和支付手段等特点。其他计量单位，如重量、长度、容积、台、件等，只能从一个侧面反映企业的生产经营情况，无法在总量上进行汇总和比较，不便于会计计量和经营管理。只有选择货币尺度进行计量才能充分反映企业的生产经营情况，所以，基本准则规定会计确认、计量和报告选择货币作为计量单位。会计在选择货币作为统一的计量尺度的同时，要以实物量度和时间量度等作为辅助的计量尺度。

《中华人民共和国会计法》（以下简称《会计法》）规定：我国的会计核算应以人民币作为记账本位币，业务收支以人民币以外的货币为主的单位，可以选定其中一种外国货币作为记账本位币，但编制的财务会计报告应当折算为人民币反映。在境外设立的中国企业向国内报送的财务会计报告，应当折算为人民币，即记账本位币是可选的。选择记账本位币时应当注意：第一，在一般情况下，各单位应当以人民币作为记账本位币，人民币作为记账本位币是前提，以人民币以外的货币作为记账本位币是一种例外的处理方法；第二，不是任何单位都可以以人民币以外的其他货币作为记账本位币，只有那些业务收支是以人民币以外的其他货币为主的单位，才可以选定其中某一种外币作为记账本位币；第三，以人民币以外的货币作为记账本位币的单位，其选定作为本单位会计核算记账本位币的币种，可以根据业务收支所使用的主要外币币种变化而变动。但编制财务会计报告的货币不可选择，必须是人民币。

上述会计核算的四项基本假设，具有相互依存、相互补充的关系。会计主体确定了会计核算的空间范围，持续经营与会计分期确定了会计核算的时间范围，而货币计量则为会计核算提供了必要的手段。没有会计主体，就不会有持续经营；没有持续经营，就不会有会计分期；没有货币计量，就不会有现代会计。

知识拓展

世界各国的会计年度

1. 采用历年制（1月至12月）的有中国、朝鲜、马来西亚、约旦、叙利亚、利比亚、阿曼、阿尔及利亚、德国、西班牙、比利时、爱尔兰、希腊、匈牙利、芬兰、冰岛、挪威、葡萄牙、瑞士、俄罗斯、白罗斯、罗马尼亚、奥地利、保加利亚、玻利维亚、捷克、斯洛伐克、波兰、乌克兰、巴西、墨西哥、哥斯达黎加、多米尼加、萨尔瓦多、危地马拉、巴拉圭、洪都拉斯、秘鲁、巴拿马、智利、哥伦比亚、厄瓜多尔、塞浦路斯、中非、科特迪瓦、利比里亚、卢旺达、塞内加尔、索马里、多哥、赞比亚等。

2. 采用4月至次年3月制的有丹麦、加拿大、英国、纽埃岛、印度、印度尼西亚、伊拉克、日本、科威特、新加坡、尼日利亚等。

3. 采用7月至次年6月制的有瑞典、澳大利亚、孟加拉国、巴基斯坦、菲律宾、埃及、冈比亚、加纳、肯尼亚、毛里求斯、苏丹、坦桑尼亚等。

4. 采用10月至次年9月制的有美国、海地、泰国、缅甸、斯里兰卡等。

5. 其他类型的有：阿富汗、伊朗，3月21日至次年3月20日；尼泊尔，7月16日至次年7月15日；土耳其，3月至次年2月；埃塞俄比亚，7月8日至次年7月7日；阿根廷，11月至次年10月；卢森堡，5月至次年4月；沙特阿拉伯，10月15日至次年10月14日。

任务三　探究会计对象

任务导入

晓芊周末放学回家，妈妈说今天从丰大百货批发了 2 000 元的小商品，送货的张师傅说运杂费是 50 元，她没给，但看张师傅口渴给了他 1 瓶 5 元的汽水。妈妈让晓芊分析一下这笔业务的钱应分别记到哪个企业的账上，应由哪个企业核算和监督。晓芊感到困惑的是妈妈为什么不给送货的张师傅 50 元装卸费呢？那 1 瓶 5 元的汽水又算谁的呢？还是抓紧时间从书上找答案吧。

一、认识会计对象

（一）认识会计对象

会计对象是指会计核算与监督的内容。概括地说，会计对象就是会计主体的经济活动及其产生的经济关系，即我国企业、行政事业单位和其他组织中能以货币表现的经济活动。由于会计需要以货币为主要计量单位，对特定会计主体的经济活动进行核算和监督。因此，会计并不能核算和监督社会再生产过程中的所有经济活动，而只能核算和监督社会再生产过程中能够以货币表现的各项经济活动，即凡是特定主体能够以货币表现的经济活动，都是会计核算和监督的内容，也就是会计对象，以货币表现的经济活动通常又称为价值运动或资金运动。会计对象并不是一成不变的，而是随着会计的发展而变化。

一般来说，会计对象就是指会计工作所要反映、监督和分析、预测、控制的内容；具体来说，会计对象是指企事业单位在日常经营活动或业务活动中所表现出的资金运动，即资金运动构成了会计核算和会计监督的内容。

（二）分析资金运动

由于各单位经济活动的具体内容不同，经济活动、资金运动的方式不同，会计的具体对象也不一样。

以工业企业为例，它的主要活动是从事产品生产。其生产经营活动最终要借助价值形态，以货币形式表现出来。企业的资金随着生产经营活动的进行而不断发生变化，经过供应、生产、销售三个阶段，周而复始地循环周转。具体的资金运动程序可以分为资金投入、资金运用、资金退出三个基本环节。

1. 资金投入

资金投入包括企业所有者投入的资金和债权人投入的资金两部分，所有者投入的属于所有者权益，债权人投入的属于企业债权人权益即负债。

2. 资金运用

资金运用，即资金循环与周转过程，是工业企业的主要经营过程，是以生产过程为中心的供应、生产和销售的有机结合。

3. 资金退出

资金退出包括偿还债务、上缴税金、向所有者分配利润、经法定程序减少资本等。

在资金的这个循环过程中，企业的资金经历或呈现四种占用形态：货币资金形态、储备资金形态、生产资金形态和成品资金形态。最后，企业将产成品出售，收回现金或银行存款，这样，成品资金又转化为货币资金形态。

企业的资金就是这样循环的。资金从货币形态开始，沿着供应、生产、销售这三个过程周而复始地不断循环，形成资金的周转。企业的资金周转过程如图 1–3 所示。

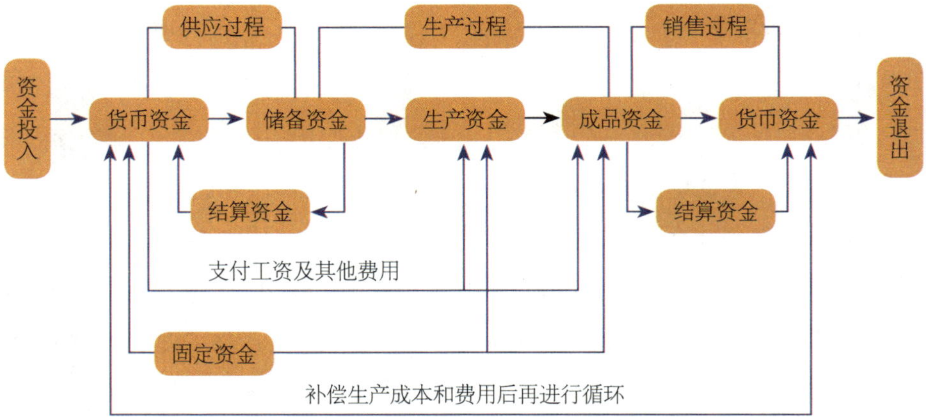

图 1–3　企业的资金周转过程

资金运动总是处于相对静止的状态，即企业的资金在任一时点上均表现为资金占用和资金来源两方面，这两方面既相互联系，又相互制约。

二、知悉会计核算的具体内容

会计核算的内容是指应当及时办理会计手续、进行会计核算的经济业务事项。

根据《会计法》规定，对下列经济业务事项应当及时办理会计手续，进行会计核算。

（一）款项和有价证券的收付

款项是作为支付手段的货币资金，主要包括库存现金、银行存款及其他货币资金。

其他货币资金是指除现金、银行存款以外的货币资金，统称为其他货币资金，如银行汇票存款、银行本票存款、信用卡存款、信用证存款、外埠存款和存出投资款等。

有价证券是指表示一定财产拥有权或支配权的证券，如国库券、股票、企业债券和其他债券等。

款项和有价证券是各单位流动性最强的资产，是各单位内部会计控制的重点。款项的收付是经常发生的，在有的单位其发生额还很大。有价证券收付的频繁程度在多数单位要低一些，但发生额一般都比较大。款项和有价证券收付的业务涉及较易受损的资产，绝大部分业务本身又直接造成一个单位货币资金的增减变化，必须加强对款项、有价证券的管理，建立健全内部控制管理制度。

（二）财物的收发、增减和使用

财物是财产物资的简称，是指企业进行生产经营活动且具有实物形态的经济资源，包括原材料、燃料、包装物、低值易耗品、在产品、自制半产品、产成品（或库存商品）、房屋建筑物、机器设备、运输工具、设施等。其中，一部分是单位的流动资产，另一部分是单位的固定资产。

财物的收发、增减和使用是单位的经常性业务（交易或会计事项），也是会计核算的主要内容。财物在许多单位构成资产的主体，并在资产总额中占有很大比重。此外，财物会计核算还起到保护各种财物安全、完整的重要作用。作为会计人员，应当加强对财产物资的核算和管理。

（三）债权、债务的发生和结算

债权是企业收取款项的权利，一般包括各种应收和预付款项等。

债务是由过去的交易或事项形成的，企业需要以资产或劳务等偿付的现时义务，一般包括各项借款、应付和预收款项及应交款项等。

债权和债务都是一个单位在自己的经营活动中必然要发生的事项。对债权债务的发生和结算的会计核算，涉及单位与其他单位及单位与其他有关方面的经济利益，关系到单位自身的资金周转。从法律上讲，债务还决定一个企业的生存问题。因而，债权债务是会计核算的一项重要内容。

（四）资本、基金的增减

资本一般是企业单位的所有者对企业净资产的所有权，亦称所有者权益，具体包括实收资本、资本公积、盈余公积和未分配利润。基金主要是指机关、事业单位某些特定用途的资金，如事业发展基金、集体福利基金、后备基金等。

资本、基金的利益关系人比较明确，用途也基本定向。办理资本、基金增减的会计核算，政策性很强，一般都应以具有法律效力的合同、协议、董事会决议或政府部门的有关文件等为依据，切忌盲从单位领导个人或其他指示人未经法定程序认可或未办理法定手续的任何处置意见。

（五）收入、支出、费用、成本的计算

收入，对于企业来说，是企业在销售产品、提供劳务及让渡资产使用权等日常活动中所形成的经济利益的总流入，包括主营业务收入、其他业务收入。

收入表现为资产的增加或债务的减少，会导致所有者权益也随之增加，但不包括为第三方或客户代收的款项。

支出既包括日常活动中发生的，也包括非日常活动中即正常生产经营活动以外的支出和损失。例如：企业购买原材料、固定资产、无形资产、对外投资、职工薪酬的支出；发生的对外捐赠、罚款及自然灾害造成的损失等形成的支出。

费用是企业在销售产品、提供劳务等日常活动中所发生的经济利益的流出，包括生产费用和期间费用。

生产费用是指按规定可以计入产品或劳务成本的生产耗费；期间费用按规定不可以计入产品或劳务成本，而是直接计入当期损益和资金耗费，包括管理费用、财务费用和销售费用。

成本是企业为生产产品、提供劳务而发生的各种耗费，是按一定的产品或劳务对象所归集的费用，是对象化了的费用，也称为制造成本，包括直接材料、直接人工和应分摊的制造费用。

收入、支出、费用、成本都是重要的会计要素，是对一个单位的经营管理水平和效率从不同角度进行的度量，是计算一个单位经营成果及其盈亏情况的主要依据。

（六）财务成果的计算和处理

财务成果是指企业、事业单位在一定时期内通过经营活动而在财务上所取得的成果，表现为利润或亏损。

财务成果的计算和处理一般包括计算利润或亏损、计算和缴纳所得税费用、利润分配或亏损弥补等。

利润总额 = 营业利润 + 营业外收入 − 营业外支出

净利润 = 利润总额 − 所得税费用

年末未分配利润 = 年初未分配利润 + 本期实现的净利润 − 本期提取的盈余公积

− 本期给投资者分配的利润

财务成果的计算和处理包括利润的计算、所得税的计算缴纳和利润的分配（或亏损的弥补）等，这个环节上的会计核算主要涉及所有者和国家的利益。

（七）其他会计事项

其他会计事项是指在上述六项会计核算内容中未能包括的、按有关法律、法规或会计制度的规定或根据单位的具体情况需要办理会计手续和进行会计核算的事项，如企业合并、集团合并会计报表、终止清算、破产清算等。单位在有这类事项时，应当按照各有关法律、法规或者会计制度的规定，认真、严格办理有关会计手续，进行会计核算。

任务完成

晓苹通过自己的一番努力，终于知道了这笔业务 2 000 元商品既是家里超市的经济业务，也是丰大百货的经济业务，双方企业都要进行核算和监督。50 元的运杂费是因为超市和丰大百货签订有合同，超过 2 000 元的进货其运杂费由丰大百货支付，所以晓苹家的超市就不用核算和监督了。当然 1 瓶 5 元的汽水只能记到家里超市的账上啦！

任务四　知悉会计法规

任务导入

家里的超市生意红火，爸爸聘请了赵丽作为会计。平时赵丽负责管账和报税，生意忙的时候也帮忙收银。对于家里聘请赵丽做会计，晓苹有一些问题一直没弄清楚：为什么爸爸要聘请赵丽做会计？为什么妈妈不能做会计？赵丽一人身兼数职合理吗？晓苹要找到答案，还是从学习会计法规开始吧！

一、设置会计机构

（一）会计机构

会计机构是指各单位办理会计事务的职能部门。根据《会计法》的规定，各单位应当根据会计业务的需要设置会计机构，或者在有关机构中设置会计人员并指定会计主管人员；不具备设置条件的，应当委托经批准从事会计代理记账业务的中介机构代理记账。

《会计法》规定，国务院财政部门是主管全国会计工作的机构，地方各级人民政府的财政部门是主管该地区会计工作的机构。国家各级管理部门分别设置会计司、处、科等。

行政、事业单位设置的会计机构，不仅需满足对经费收支及时进行核算和报告的要求，同时也需遵循内部控制的原则，以保证各该单位预算资金的安全与合理地使用。对于盈利活动多且复杂的事业单位，其会计机构的设置可比照企业单位进行。

会计机构设置如图 1-4 所示。

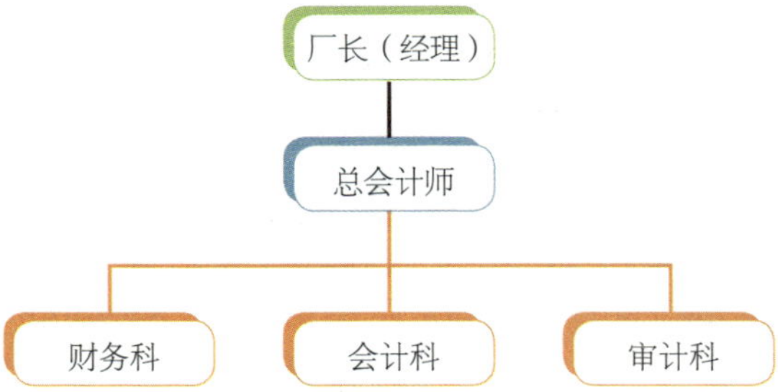

图 1-4　企业会计机构设置

（二）会计机构设置原则

第一，应根据企业单位的规模大小、会计工作的繁简来确定会计机构的设置形式。

第二，应建立在科学组织、合理分工的基础上。

第三，应按“内部牵制”的原则做好会计机构的内部分工。

知识拓展

内部牵制制度

内部牵制制度又称为“钱账分管制度”，凡是涉及款项和财务收付、结算及登记的任何一项工作，必须由两人或两人以上分工办理，以起到相互制约作用的一种工作制度，是内部控制制度的重要组成部分。其中要求：出纳不得兼管稽核、会计档案保管及收入、费用、债权债务账目的登记工作（而不是所有记账工作）；出纳以外的人员不得经管现金、有价证券、票据；对会计人员的工作岗位要有计划进行轮岗，以有利于会计人员全面熟悉业务，不断提高业务素质；要建立岗位责任制。

二、了解企业会计工作组织形式

由于企业会计工作的组织形式不同，企业财务会计机构的具体工作范围也有所不同。实行独立核算的单位，其记账工作的组织形式可以分为集中核算和非集中核算两种。

（一）集中核算

集中核算就是将企业的主要会计工作都集中在企业会计机构内进行。企业内部的各部门、各单位一般不进行单独核算，只是对所发生的经济业务进行原始记录，办理原始凭证的取得、填制、审核和汇总工作，并定期将这些资料报送企业会计部门进行总分类核算和明细分类核算。实行集中核算，可以减少核算层次，精减会计人员，但是企业各部门和各单位不便于及时利用核算资料进行日常的考核和分析。

（二）非集中核算

非集中核算又称为分散核算，即企业的内部单位要对本身所发生的经济业务进行比较全面的会计核算。如在工业企业里，车间设置成本明细账，登记本车间发生的生产成本并计算出所完成产品的车间成本，厂部会计部门只根据车间报送的资料进行产品成本的总分类核算。又如在商业企业里，把库存商品的明细核算和某些费用的核算等，分散在各业务部门进行，至于会计报表的编制及不宜分散核算的工作，如物资供销、现金收支、银行存款收支、对外往来结算等，仍由企业会计部门集中办理。实行非集中核算，使企业内部各部门、各单位能够及时了解本部门、本单位的经济活动情况，有利于及时分析、解决问题；但这种组织形式会增加核算手续和核算层次。

作为会计工作组织形式的集中核算和非集中核算，在企业实际应用时并不是截然分开的，须以能明确经济责任、考核各部门经济效益为前提加以确定。

三、认识会计人员

（一）会计从业

中华人民共和国财政部印发的《会计人员管理办法》规定：会计人员从业应具备从事会计工作所需要的专业能力，即持有会计专业技术资格等相关专业资格资质证书，或持有会计类专业学历（学位）或相关专业学历（学位）证书，且持续参加继续教育的，表明具备从事会计工作所需要的专业能力。

（二）会计人员的职责

会计人员是指根据《会计法》的规定，从事会计核算、实行会计监督等会计工作的人员。《会计法》将会计的主要职责规定为进行会计核算和实行会计监督两个重要方面。会计人员应做到：及时提供真实可靠的会计信息；认真贯彻执行和维护国家财经制度和财经纪律；积极参与经营管理；提高经济效益。

国务院发布的《会计人员职权条例》中也明确了会计人员的具体职责：

（1）按照国家财务制度的规定，认真编制并严格执行财务计划、预算，遵守各项收入制度、费用开支范围和开支标准，分清资金渠道，合理使用资金，保证完成财政上缴任务；

（2）按照国家会计制度的规定，记账、算账、报账，做到手续完备，内容真实，数字准确，账目清楚，日清月结，按期报账；

（3）按照银行制度的规定，合理使用贷款，加强现金管理，做好结算工作；

（4）按照经济核算原则，定期检查、分析财务计划、预算的执行情况，挖掘增收节支的潜力，考核资金使用效果，揭露经营管理中的问题，及时向领导提出建议；

（5）按照国家会计制度的规定，妥善保管会计凭证、账簿、报表等档案资料；

（6）遵守、宣传、维护国家财政制度和财经纪律，同一切违法乱纪行为做斗争。

（三）会计人员工作权限

为了保障会计人员顺利地履行自己的职责，国家在明确会计人员职责的同时，也赋予了他们必要的权限，主要有以下三个方面。

第一，有权要求本单位有关部门、人员认真执行国家批准的计划、预算，遵守国家财经纪律和财务会计制度；如有违反，会计人员有权拒绝付款、拒绝报销或拒绝执行，并向本单位领导人报告。对于弄虚作假、营私舞弊、欺骗上级等违法乱纪行为，会计人员必须坚决拒绝执行，并向本单位领导人或上级机关、财政部门报告。会计人员对于违反制度、法令的事项，不拒绝执行，又不向领导人或上级机关、财政部门报告的，应同有关人员负连带责任。

第二，有权参与本单位编制计划，制定定额，签订经济合同，参加有关的生产、经营管理会议。领导人和有关部门对会计人员提出的有关财务开支和经济效果方面的问题和意见，要认真考虑，合理的意见要加以采纳。

第三，有权监督、检查本单位有关部门的财务收支、资金使用和财产保管、收发、计量、检验等情况。有关部门要提供资料，如实反映情况。

（四）会计人员职业道德

会计人员职业道德是指会计人员在会计工作中应当遵循的道德规范，是会计工作规范的组成部分，也是会计人员的基本素质之一。会计人员职业道德主要包括六点。

扫描二维码
观看微课

1. 敬岗爱业

热爱本职工作，这是做好一切工作的出发点。只有建立了这个出发点，才会勤奋、努力钻研业务技术，使自己的知识和技能适应具体从事的会计工作的要求。

2. 熟悉法规

会计工作不只是单纯的记账、算账、报账工作，会计工作时时、事事、处处涉及执法守规方面的问题。会计人员应当熟悉财经法律、法规和国家统一的会计制度，做到自己在处理各项经济业务时知法依法、知章循章，依法把关守口，同时还要进行法规的宣传，提高法制观念。积极贯彻党的二十大报告中关于“坚持全面依法治国，推进法治中国建设”

的要求。

3. 依法办理

按照《会计法》要求保证会计信息真实、完整的规定，会计人员必须依法办事，树立自己职业形象，敢于抵制歪风邪气，同一切违法乱纪的行为做斗争。

4. 客观公正

会计人员在办理会计事务中，应当实事求是、客观公正。这是一种工作态度，也是会计人员追求的一种境界。做好会计工作，不仅要有过硬的技术本领，也同样需要有实事求是的精神和客观公正的态度。否则，就会把知识和技能用错了地方，甚至参与弄虚作假或者通同作弊。

5. 搞好服务

会计工作的特点，决定了会计人员应当熟悉本单位的生产经营和业务管理情况。因此，会计人员应当积极运用所掌握的会计信息和会计方法，为改善单位的内部管理、提高经济效益服务。

6. 保守秘密

会计人员应当保守本单位的商业秘密，除法律规定和单位负责人同意外，不能私自向外界提供或者泄露单位的会计信息。

德育小课堂——延伸阅读

康美药业账务作假的背后

康美药业成立于1997年，是一家以中药饮片、化学原料药及制剂生产为主导，集药品生产、研发及药品、医疗器械营销于一体的现代化大型医药企业；2001年3月在上交所挂牌上市，巅峰时期的市值接近1400亿。

2018年10月中旬，有媒体发布文章，质疑康美药业存在货币现金高、存贷双高、大股东股票质押比例高和中药材贸易毛利率高等问题。受此影响，康美药业股价连续3个交易日跌停，市值迅速腰斩。同年12月，康美药业因涉嫌信息披露违法违规，被证监会立案调查。

2019年4月30日，康美药业发布了《关于前期会计差错更正的公告》，披露了经过自查之后2017年年报存在的会计差错。康美药业财务造假主要目标是增加净利润、美化经营活动产生的现金流。对于公司财务人员来说，恪尽职守、遵纪守法是最基本的职业道德，造假将会是财务人员一生的职场污点，严重还会面临严峻的刑事责任及处罚。

（五）会计工作岗位

会计工作岗位是指一个单位会计机构内部根据业务分工而设置的职能岗位。《会计基础工作规范》规定，各单位应当根据会计业务需要设置会计工作岗位。同时，会计岗位设置还应符合内部牵制制度的要求。

会计工作岗位可以一人一岗、一人多岗或者一岗多人。但出纳人员不得兼管稽核、会计档案保管和收入、费用、债权债务账目的登记工作。在会计机构内部设置会计工作岗位，有利于明确分工和确定岗位职责，建立岗位责任制；有利于会计人员钻研业务，提高工作效率和质量；有利于会计工作的程序化和规范化，加强会计基础工作；还有利于强化会计管理职能，提高会计工作的作用。同时，以上要求也是配备数量适当的会计人员的客观依据之一。

四、知悉会计法律规范体系

会计法律法规体系是会计工作规范的总称。

会计法律法规体系按权威和法律效力区分，大体可分为：由全国人民代表大会颁布的会计法律；由国务院颁布的会计行政法规；由财政部颁布的会计规章制度。

（一）会计法律

会计法律，即《中华人民共和国会计法》（以下简称《会计法》），它是调整我国经济生活中会计关系的法律规范。《会计法》是会计法律制度中层次最高的法律规范，是制定其他会计法规的依据，也是指导会计工作的最高准则。

《会计法》是会计工作的基本法。各行、各业、各单位都必须严格依照《会计法》和统一的会计制度进行会计核算，实施会计监督，规范会计基础工作。对《会计法》的各项规定，财政等政府有关部门的有关领导干部和会计管理人员、单位负责人、会计人员和其他有关人员都必须认真学习，准确理解和掌握，严格执行。

我国于1985年1月21日第六届全国人民代表大会常务委员会第九次会议通过了《中华人民共和国会计法》，自1985年5月1日起施行；1993年12月29日第八届全国人民代表大会常务委员会第五次会议通过了《关于修改〈中华人民共和国会计法〉的决定》，自公布之日起施行；1999年10月31日第九届全国人民代表大会常务委员会第十二次会议修订，自2000年7月1日起施行；2017年11月4日十二届全国人民代表大会常务委员会第三十次会计修订《会计法》，自2017年11月5日起施行。

（二）会计法规

会计法规是调整经济生活中有关会计关系的法律规范。按照制定或批准机关的不同，会计法规可分为会计行政法规、地方性会计法规和自治会计法规。会计行政法规由国务院制定发布或者国务院有关部门拟定经国务院批准发布，制定依据是《会计法》。例如：1990

年 12 月 31 日国务院发布的《总会计师条例》，1992 年 11 月 16 日国务院批准、同月 30 日财政部发布的《企业会计准则》等。

（三）会计规章

会计规章是指由主管全国会计工作的行政部门——财政部就会计工作中某些方面内容所制定的规范性文件。国务院有关部门根据其职责制定的会计方面的规范性文件，如实施国家统一的会计制度的具体办法等，也属于会计规章，但必须报财政部审核批准。会计规章依据会计法律和会计行政法规制定，如财政部发布的《股份有限公司会计制度》《会计基础工作规范》、财政部与国家档案局联合发布的《会计档案管理办法》等。

各省、自治区、直辖市人民代表大会及其常委会在同宪法和会计法律、行政法规不相抵触的前提下制定发布的会计规范性文件，也是我国会计法律制度的重要组成部分。

会计的法规和制度是组织和从事会计工作必须遵守的规范，是经济法规、制度的重要组成部分。制定和执行会计法规和制度，可以保证会计工作贯彻执行国家有关的财政方针、政策；可以使其提供的会计资料和会计信息真实、及时，更好地满足各个方面的需要，更圆满地完成会计的任务。

德育小课堂——延伸阅读

一起学习新修订的《会计法》

随着我国经济的发展，《会计法》也在不断的完善过程中。中国第一部会计法《中华人民共和国会计法》于 1985 年 5 月 1 日起施行，根据需要分别于 1993 年、1999 年、2017 年对《会计法》进行了修订。最新修订的《会计法》有以下四个方面。

一、关于会计从业资格被取消的问题

在会计法修订中，将原法中第三十八条“从事会计工作的人员，必须取得会计从业资格证书。担任单位会计机构负责人（会计主管人员）的，除取得会计从业资格证书外，还应当具备会计师以上专业技术职务资格或者从事会计工作三年以上经历”修改为“会计人员应当具备从事会计工作所需要的专业能力。担任单位会计机构负责人（会计主管人员）的，应当具备会计师以上专业技术职务资格或者从事会计工作三年以上经历”。新《会计法》删除了关于从事会计工作的人员必须取得会计从业资格证书等规定，对会计人员应当具备从事会计工作所需要的专业能力并遵守职业道德、违法会计人员五年内不得从事会计工作或不得再从事会计工作等作出了规定。

二、对已经取得的会计从业资格证书是否仍然有效问题

财政部在《关于认真做好宣传贯彻新《会计法》有关工作的通知》中明确“已经取得的会计从业资格证书，不再作为从事会计工作的证明文件，但仍可作为能力水平的证明”。由于会计工作的专业性很强，而且会计相关知识更新也较快，会计人员只有继续参加会计培训教育持续更新知识、才能提高自己的业务素质和专业胜任能力。

三、对会计人员是否应当继续参加会计人员继续教育问题

新《会计法》第三十九条规定“会计人员应当遵守职业道德，提高业务素质。对会计人员的教育和培训工作应当加强。”同时为了规范会计专业技术人员继续教育，保障会计专业技术人员合法权益，不断提高会计专业技术人员素质，根据《会计专业技术人员继续教育规定》第六条规定“具有会计专业技术资格的人员应当自取得会计专业技术资格的次年开始参加继续教育，并在规定时间内取得规定学分；不具有会计专业技术资格但从事会计工作的人员应当自从事会计工作的次年开始参加继续教育，并在规定时间内取得规定学分”。

四、关于会计专业技术人员继续教育学分要求

《会计专业技术人员继续教育规定》第十二条明确“会计专业技术人员参加继续教育实行学分制管理，每年参加继续教育取得的学分不少于 90 学分。其中，专业科目一般不少于总学分的三分之二。会计专业技术人员参加继续教育取得的学分，在全国范围内当年度有效，不得结转以后年度”。也就是说当年学习当年有效，第二年要重新参加继续学习，会计只有努力学习才能适应新形势的财务工作的需要。

项目小结

会计职业由来已久，无论是在东方还是在西方，会计师、医师和律师都是现代高技能职业。在本项目中，晓苹走进了会计王国，知道了会计是怎样产生与发展的，了解了会计的基本职能，认识了会计基本假设和会计基础，探究了会计的对象，知悉了会计法律法规，开启了认识会计王国的探索之旅！

项目二　认识会计要素

项目目标

1. 了解会计要素的概念。
2. 熟练掌握会计要素的构成。
3. 熟练掌握各会计要素的具体内容。
4. 能理解会计基本等式。
5. 分析不同经济业务类型对会计要素的影响。
6. 知晓会计核算方法体系。

项目导入

通过学习项目一，晓苹初步认识了会计的对象，知悉了会计的基本职能是会计核算和监督，会计王老师认为晓苹表现不错，就让她做了会计课代表。周末晚上晓苹在家里看电视，班级 QQ 群里会计王老师发来通知，让全班同学算一算家里上个月的收入和开支，结余了多少？家里有多少资产和负债？明天课堂上要学习会计要素，让全体同学预习一下，晓苹马上忙碌了起来。

任务一　认识会计要素

为了具体实施会计核算，还应对会计所反映和监督的内容进行分类。会计要素是对会计对象进行的基本分类，是会计核算对象的具体化，是用于反映会计主体财务状况、确定经营成果的基本单位。从企业会计来说，其核算的对象是反映企业生产经营情况的资金运动，实质上就是企业各种经济资源的来源与运用，也就是各种经济资源的来龙去脉。因此，要表明企业的财务状况，就需要按照一定的标准对各种经济资源的占用进行分类，通过分类将其反映在财务报表中。正是从这一意义上将会计要素称为财务报表的要素，作为财务报表的基本构建。

《企业会计准则——基本准则》规定，企业应当按照交易或事项的经济特征确定会计要素。基本准则规定我国企业会计要素包括资产、负债、所有者权益、收入、费用、利润六大会计要素。其中，资产、负债和所有者权益三项会计要素表现资金运动的相对静止状态，即反映企业的财务状况；收入、费用和利润三项会计要素表现资金运动的显著变动状态，即反映企业的经营成果。

一、初识资产

（一）理解资产的定义

扫描二维码
观看微课

俗话说“巧妇难为无米之炊”，企业进行生产经营活动需要有人、厂房和设备，以及各种材料、动力等经济资源，但是经济资源并不是企业的资产。资产是指企业过去的交易或者事项形成的、由企业拥有或者控制的、预期会给企业带来经济利益的资源。具体来讲，企业从事生产经营活动必须具备一定的物质资源，如货币资金、厂房设备、原材料等，这些都是企业从事生产经营的物质基础，称其为资产。除了这些有形资产外，还有专利权、商标权等不具有物资形态，但却有助于生产经营活动进行的无形资产等，也属于资产。

（二）把握资产的特征

1. 资产应为企业拥有或者控制的资源

资产的本质是资源，应当由企业拥有或控制。具体是指企业享有某项资源的所有权。通常在判断资产是否存在时，所有权是考虑的首要因素，但不是唯一因素。某项资源企业虽然不享有其所有权，但若与其所有权相关的风险或报酬能被企业所控制，也应视为企业的资产。例如，以融资租赁方式租入的固定资产，对承租方而言，尽管其并不拥有该资产的所有权，但租赁合同规定的租赁期相当长，接近于该资产的使用寿命，承租方实际控制了该资产的使用权及其所能带来的经济利益，所以承租方应将其作为资产确认。

2. 资产预期会给企业带来经济利益

资产直接或者间接导致现金和现金等价物流入企业的潜力，这种潜力可以来自企业的日常生产经营活动，也可以是非日常活动；带来的经济利益可以是现金或者现金等价物，或者是可以转化为现金或者现金等价物的形式，或者是可以减少现金或者现金等价物流出的形式。资产预期能否会为企业带来经济利益是资产的重要特征。例如，企业购置的机器可以用于生产产品，将产品对外销售收取货款，从而给企业带来经济利益。如果某项资产预期不能给企业带来经济利益，则不能将其确认为企业的资产。前期已经确认为资产的项目，若不能再为企业带来经济利益，也不能再将其确认为企业的资产，如企业毁损的机器设备、腐烂变质的食品等。

3. 资产是由企业过去的交易或者事项形成的

过去的交易事项包括购买、生产、建造行为或者其他交易或事项。也就是说，只有过去的交易或事项才能产生资产，企业预期在未来发生的交易或者事项不能形成资产。例如，企业有采购原材料的计划，因购买行为尚未发生，就不符合资产的定义，不能确认为资产。

一项资源在符合资产定义的情况下，并不一定能够作为资产确认，该资源要确认为资产，还应该同时满足两个条件：一是与该资源有关的经济利益很可能流入企业；二是该资源的成本或者价值能够可靠地计量。

（三）熟练资产的分类

资产是企业从事生产经营的物质基础，并以各种具体形态分布或占用在生产经营过程的不同方面。资产可以是货币的，也可以是非货币的；可以是有形的，也可以是无形的。按照其流动性质，资产通常划分为流动资产和非流动资产两大类。

1. 流动资产

流动资产是指可以在一年内或者超过一年的一个营业周期内变现或耗用的资产，主要包括货币资金、交易性金融资产、应收及预付款项、存货等。

货币资金是企业拥有的、以货币形态表现的流动资产，包括库存现金、银行存款和其他货币资金。

交易性金融资产是指企业为了近期内出售而持有的金融资产。

应收及预付款项是指各项债权，包括应收账款、应收票据、应收利息、应收股利、其他应收款和预付账款等。

存货是指企业在日常生产经营中持有的以备出售，或者仍然处在生产过程，或者在生产或提供劳务过程中将消耗的材料或物料等，包括产成品、在产品、半成品、商品及各种原材料、燃料、包装物和低值易耗品等。

2. 非流动资产

非流动资产是指不符合流动资产定义的资产，包括固定资产和无形资产等。

固定资产是指具有以下特征的有形资产：为生产产品、提供劳务、出租或经营管理而持有的；使用寿命超过一个会计年度。固定资产包括房屋及建筑物、机械设备、运输设备和工具器具等。

无形资产是指企业为生产商品或者提供劳务、出租给他人，以及为管理目的而持有的、没有实物形态的非货币性长期资产，包括专利权、非专利技术、商标权、著作权和土地使用权等。

资产的组成内容如图 2-1 所示。

- 资产
  - 流动资产
    - 货币资金
    - 交易性金融资产
    - 应收及预付款项
    - 存货
  - 非流动资产
    - 固定资产
      - 房屋及建筑物
      - 机械设备
      - 运输设备
      - 工具器具
    - 无形资产
      - 专利权
      - 非专利技术
      - 商标权
      - 著作权和土地使用权

图 2-1　资产的组成内容

二、认识负债

（一）认识负债的概念

负债是指企业过去的交易或者事项形成的、预期会导致经济利益流出企业的现时义务。简单地说，负债是企业欠别人的债务，是企业在现行条件下已承担的义务。如向其他单位购入货物而没有付款，将来要用库存现金、银行存款或者商品等偿还或通过为债权人提供劳务来抵偿。

（二）了解负债的特征

1. 负债是企业承担的现时义务

这是负债的一个基本特征。其中，现时义务是指企业在现行条件下已承担的义务。未来发生的交易或者事项形成的义务，不属于现时义务，不符合负债的定义，不应当确认为负债。

2. 负债预期会导致经济利益流出企业

这是负债的一个本质特征，只有企业在履行义务时会导致经济利益流出企业的，才符合负债的定义。负债在大多数情况下，需要用现金进行清偿；在某些情况下，也可以用商品和其他资产或者以提供劳务的方式进行清偿；有些负债还可以通过举借新债抵补或者债务转为股本等方式进行清偿。

3. 负债是由企业过去的交易或者事项形成的

只有过去的交易或者事项形成负债，企业将在未来发生的承诺、签订的合同等交易或者事项不形成负债。如某企业已向银行借款，即属于过去的交易或者事项所形成的负债；与银行达成的两个月后的借款意向书，就不属于过去的交易或者事项，不应该形成企业的负债。

（三）掌握负债的分类

一项现时义务虽然符合负债的定义，也不一定就可以确认为负债。一项现时义务要确认为企业的负债，还需要满足两个条件：一是与该义务有关的经济利益很可能流出企业；二是未来流出的经济利益的金额能够可靠地计量。企业的负债按其流动性不同，通常分为流动负债和长期负债。

1. 流动负债

流动负债是指将在一年或超过一年的一个营业周期以内偿还的债务，包括短期借款、应付票据、应付账款、预收账款、应付职工薪酬、应交税费、应付股利和其他应付款等。

短期借款是指借款期限在一年内的银行借款。

应付及预收款项是指企业在日常生产经营活动中发生的各种债务，包括应付账款、预收账款、应付票据、其他应付款等。

应付职工薪酬是指企业为获得职工提供的服务而应付给职工的各种形式的报酬及其他相关支出。

应交税费是指应向国家缴纳的各种税费。

2. 长期负债

长期负债是指在一年或者超过一年的一个营业周期以上偿还的负债，包括长期借款、应付债券和长期应付款等。

长期借款是指借款期限在一年以上的银行借款。

负债的组成内容如图 2-2 所示。

- 负债
  - 流动负债
    - 短期借款
    - 应付票据
    - 应付账款
    - 预收账款
    - 应付职工薪酬
    - 应交税费
    - 应付股利
    - 其他应付款
  - 长期负债
    - 长期借款
    - 应付债券
    - 长期应付款

图 2-2　负债的组成内容

德育小课堂——课堂探讨

企业的负债需要偿还，同样个人负债也需要按期偿还，如果逾期未还，会影响个人征信。请同学讨论过度提前消费有什么隐患和危害？

三、掌握所有者权益

（一）理解所有者权益的概念

所有者权益，又称为股东权益，是指企业资产扣除负债后由所有者享有的剩余权益，其金额为资产减去负债后的余额，即投资者对企业净资产的所有权。

所有者权益的来源包括所有者投入的资本、直接计入所有者权益的利得和损失、留存收益等。

所有者投入的资本是指所有者投入企业的资本部分，它既包括构成企业注册资本或者股本部分的金额，也包括投入资本超过注册资本或者股本部分的金额，即资本溢价或者股本溢价。直接计入所有者权益的利得和损失，是指不应计入当期损益、会导致所有者权益发生增减变动的、与所有者投入资本或者向所有者分配利润无关的利得或损失。利得是指由企业非日常活动所形成的、会导致所有者权益增加、与所有者投入资本无关的经济利益的流入。损失是指由企业非日常经营活动所发生的、会导致所有者权益减少的、与所有者分配利润无关的经济利益的流出。留存收益是企业历年实现的净利润留存企业的部分，主要包括累计计提的盈余公积和未分配利润。

（二）知悉所有者权益的特征

第一，除非发生减资、清算或者分派现金股利，企业不需要偿还所有者权益。

第二，企业清算时，只有在清偿所有的负债后，所有者权益才可还给所有者。

第三，所有者凭借所有者权益能够参与利润分配。

（三）把握所有者权益的分类

所有者权益通常由实收资本（或股本）、资本公积、盈余公积和未分配利润组成。

实收资本是指投资者按照企业章程或合同、协议的约定，实际投入企业的资本。投资者投入资本的形式可以有多种，如投资者可以用现金投资，也可以用非现金资产投资，符合国家规定比例的，还可以用无形资产投资。例如，创立一个注册资本为500万元的公司，投资者就要以现金、实物、无形资产等方式投入价值500万元的资产，这样公司就收到了500万元的投资，即为该公司的实收资本。

资本公积是指投资者投入企业的超过其在企业注册资本所占份额的资本或者资产。资本公积包括资本（或股本）溢价和直接计入所有者权益的利得和损失等。

盈余公积是指企业按规定从净利润中提取的各种公积金，主要用于弥补企业亏损或转增企业资本等方面。

未分配利润是指企业实现的净利润经过弥补亏损、提取盈余公积和向投资者分配利润后留存在企业的、历年结存的利润。

盈余公积和未分配利润又统称为留存收益。

所有者权益的组成内容如图 2-3 所示。

- 所有者权益
  - 实收资本（或股本）
  - 资本公积
  - 留存收益
    - 盈余公积
    - 未分配利润

图 2-3 所有者权益的组成内容

德育小课堂——延伸阅读

所有者权益和负债的联系及区别

所有者权益和负债同属“权益”。“权益”是指对企业资产的求偿权，它包括投资人的求偿权和债权人的求偿权两种。但两者又有区别，主要表现在以下五个方面：（1）性质不同。负债是债权人对企业资产的求偿权，是债权人的权益，债权人与企业只有债权债务关系，到期可以收回本息。所有者权益则是企业所有者对企业净资产的求偿权，包括所有者对企业投入的资本及其对投入资本的运作所产生的盈余的要求权，没有明确的偿还期限。（2）偿还责任不同。企业的负债要求企业按规定的时间和利率支付利息，到期偿还本金。所有者权益则与企业共存亡，在企业经营期内无需偿还，国有企业按照国家规定分配收益股份制企业按照董事会的决定支付股利，其他企业按照企业最高层管理机构的决定分配利润。（3）享受的权利不同。债权人通常只有享受收回本金和按事先约定的利息率收回利息的权利，既没有参与企业经营管理的权利，也没有参与企业收益分配的权利。企业的所有者通常既具有参与企业经营管理的权利，也具有参与企业收益分配的权利。企业的所有者不仅享有法定的自己管理企业的权利，而且还享有委托他人管理企业的权利。（4）计量特性不同。负债通常可以单独直接计量。所有者权益除了投资者投资时以外，一般不能直接计量，而是通过资产和负债的计量来间接计量。（5）风险和收益的大小不同。负债由于具有明确的偿还期限和约定的收益率，而且一旦到期就可以收回本金与相应的利息，因而风险较小因为债权人承担的风险小，所以相应地债权人所获得的收益也较小。所有者的投入资本一旦投入被投资企业，一般情况下不论企业未来经营状况如何，都不能抽回投资，因而承担的风险较大，相应地收益也较高，当然也有可能要承担更大的损失。

四、知悉收入

（一）了解收入的概念

收入是指企业在日常活动中形成的、会导致所有者权益增加的、与所有者投入资本无关的经济利益的总流入。

（二）认识收入的特征

1. 收入是企业在日常活动中形成的

日常活动是指企业为完成其经营目标所从事的经营性活动及与之相关的活动。例如，工业企业制造并销售产品、商品流通企业销售商品、运输企业提供运输劳务、商业银行对外贷款、租赁公司出租资产等，均属于企业的日常活动。

2. 收入会导致经济利益的流入

它可能表现为资产增加，如增加银行存款、应收账款等；也可能表现为负债的减少，如以商品或劳务抵偿债务；还可能是两者兼而有之，如商品销售的货款中的一部分抵偿债务，另一部分收取款项。

3. 收入会导致所有者权益的增加，但与所有者投入资本无关

不会导致所有者权益增加的经济利益的流入不符合收入的定义，不应确认为收入。

4. 收入只包括本企业经济利益的流入

企业为第三方或者客户代收的款项，如增值税、代收利息等，不属于本企业的收入。

收入的确认至少应当符合以下条件：一是与收入相关的经济利益应当很可能流入企业；二是经济利益流入企业的结果会导致资产的增加或者负债的减少；三是经济利益的流入额能够可靠计量。

（三）熟悉收入的分类

收入按其性质不同，可以分为销售商品收入、提供劳务收入和让渡资产使用权收入（如出租固定资产的租金收入、转让无形资产使用权收入及金融企业的利息收入等）；按照企业经营业务的主次，可以分为主营业务收入和其他业务收入。

收入的组成内容如图 2-4 所示。

收入
- 销售商品收入
- 提供劳务收入
- 让渡资产使用权收入

图 2-4　收入的组成内容

五、把控费用

（一）理解费用的概念

费用是指企业在日常活动中发生的、会导致所有者权益减少的、与向所有者分配利润无关的经济利益的总流出。

（二）认识费用的特征

1. **费用是企业在日常活动中发生的**

日常活动的界定与收入定义中涉及的日常活动相一致。因日常活动所产生的费用通常包括销售成本（营业成本）、职工薪酬、折旧费、无形资产摊销等。企业在非日常活动中所发生的经济利益流出不能确认为费用，而应当计入损失。

2. **费用是与向所有者分配利润无关的经济利益的总流出**

费用的表现形式主要包括现金等价物的流出及存货、固定资产和无形资产等的流出或者消耗等。

3. **费用会导致所有者权益的减少**

与费用相关的经济利益的流出应当最终会导致所有者权益的减少，不会导致所有者权益减少的经济利益的流出，不符合费用的定义，不应确认为费用。

费用的确认除了应当符合定义外，还应当满足严格的条件：一是与其相关的经济利益很可能流出企业，从而导致企业资产减少或者负债增加；二是经济利益的流出额能够可靠计量。

（三）熟悉费用的分类

费用是企业在日常活动中形成的。日常活动产生的费用通常包括营业成本、税金及附加及期间费用。

费用的组成内容如图 2-5 所示。

- 费用
  - 营业成本
    - 主营业务成本
    - 其他业务成本
  - 税金及附加
  - 期间费用
    - 销售费用
    - 财务费用
    - 管理费用

图 2-5　费用的组成内容

六、掌握利润

（一）理解利润的定义

利润是指企业在一定期间的经营成果，也是评价企业管理层业绩的一项重要指标。通常情况下，如果企业实现了利润，表明企业所有者权益的增加，业绩得到了提升；反之，如果企业发生了亏损（即利润为负数），表明企业所有者权益将减少，业绩下滑。

（二）熟知利润的分类

利润包括收入减去费用后的净额、直接计入当期利润的利得和损失等。其中收入减去费用后的净额反映的是企业日常活动的业绩；直接计入当期利润的利得和损失，是指应当计入当期损益、最终会引起所有者权益发生增减变动的、与所有者投入资本或者向所有者分配利润无关的非日常活动的经济利益流入或者流出。企业应当严格区分收入和利得、费用和损失之间的区别，以便更加全面地反映企业的经营业绩。

利润的确认主要依赖于收入和费用及利得和损失的确认，其金额的确定也主要取决于收入、费用、利得和损失金额的计量。利润包括营业利润、利润总额和净利润。

任务完成

晓苹所做家庭上月账目见表 2-1。

表 2-1　　家庭上月账目

单位：万元

类别	项目	金额	备注
资产	自住房产 1 套	30	
	银行存款	7	
	汽车 1 辆	8	
	家具电器等	12	
	电动拉货三轮车 1 辆	2	
	超市投资	25	
	其他资产	3	
	资产小计	87	
负债	超市投资贷款	10	
收入	超市利润	1.0	父母工资收入
支出	家庭日常开支	0.6	
	贷款利息	0.05	
	小车加油保养等	0.1	
	其他	0.1	
	结余	0.15	

最近，晓苹从电视、网络中收看了党的二十大开幕会，认真聆听了习近平总书记的报告，其中提到“必须坚持科技是第一生产力、人才是第一资源、创新是第一动力，深入实施科教兴国战略、人才强国战略、创新驱动发展战略，开辟发展新领域新赛道，不断塑造发展新动能新优势。晓苹在心理暗暗发誓，“我一定要认真学习，成为有专业技术的人才，报效祖国。”更加坚定了她学好会计的初心。晓苹了解了家里的资产状况，认识到家里主要的收入取决于超市的营利能力，并对会计的学习有了新的认识。

任务二　掌握会计平衡公式

一、掌握会计基本等式

（一）认识会计恒等式

会计恒等式又称为会计基本等式或会计方程式，是指用会计的专业术语来表达企业财务状况的基本方程式。它表达了各会计要素之间的数量关系。

任何企业为了完成其各自的任务，实现其经营目标，都需要拥有一定数量的资产，企业运用于各项资产上的资金来源，不外乎有两种：一是债权人提供，称为债权人权益，简称负债；二是由所有者提供，称为所有者权益。负债和所有者权益之和总称为权益。一个企业所拥有的资产和权益是同一资金的两个不同方面。资产表明企业所拥有什么经济资源和拥有多少经济资源，权益则表明是谁提供了这些经济资源，谁对这些经济资源拥有要求权。有一定数额的资产，就必然有一定数额的权益；反之，有一定数额的权益，也必然有一定数额的资产。也就是说，一个企业的资产总额和权益总额之间都必然保持数量上的平衡关系。资产与权益的这种相等关系用公式表示称作会计平衡公式或会计恒等式，即：

（1）资产 = 权益

（2）资产 = 债权人权益 + 所有者权益

由于债权人权益习惯上被称为负债，故会计恒等式可进一步表述为：

（3）资产 = 负债 + 所有者权益

这一平衡公式反映了资产、负债、所有者权益三个要素之间的基本数量关系，是设置账户、复式记账和编制资产负债表的理论依据。

（二）知悉经济业务对会计恒等式的影响

1. 对“资产 = 权益”等式的影响

（1）资产与权益同时等额增加。

【例 2-1】假定 2021 年 12 月 1 日，珠城公司期初资产为 680 万元，期初权益为 680 万元。

2021 年 12 月 10 日，珠城公司接受甲公司投资 100 万元，存入银行。

这项经济业务的发生，使珠城公司的资产中银行存款增加了 100 万元，同时引起权益中的实收资本增加了 100 万元，资产和权益双方同时增加了 100 万元。

经济业务变化后的结果为：12 月 10 日，珠城公司资产 780 万元，权益为 780 万元，资产与权益仍然相等。

（2）资产方等额有增有减，权益不变。

【例 2-2】2021 年 12 月 12 日，珠城公司从银行存款中提取 20 000 元现金备用。

这项经济业务的发生，使珠城公司的资产中银行存款减少了 20 000 元，同时引起资产中库存现金增加了 20 000 元，资产增加的金额和资产减少的金额相等，资产总额不变。

经济业务变化后的结果为：12 月 12 日，珠城公司的资产为 780 万元，权益为 780 万元，资产与权益仍然相等。

（3）资产与权益同时等额减少。

【例 2-3】2021 年 12 月 15 日，珠城公司以银行存款 200 万元归还借款期限为 1 年的借款 200 万元。

这项经济业务的发生，使珠城公司的资产中银行存款减少 200 万元，同时引起权益中的短期借款减少了 200 万元，资产与权益同时减少了 200 万元。

经济业务变化后的结果为：12 月 15 日，珠城公司资产为 580 万元，权益为 580 万元，资产与权益仍然相等。

（4）权益方等额有增有减，资产不变。

【例 2-4】2021 年 12 月 20 日，珠城公司将原欠乙公司的“应付账款”80 万元转作对珠城公司的投资，已办妥有关手续。

这项经济业务的发生，使珠城公司的负债中应付账款减少了 80 万元，同时引起所有者权益中的实收资本增加了 80 万元，权益方增减的金额相等。

经济业务变化后结果为：12 月 20 日，珠城公司资产为 580 万元，权益为 580 万元，资产与权益仍然相等。

2. 对“资产＝负债＋所有者权益”等式的影响

企业在经营过程中，不断发生各项经济业务，如购进材料、销售商品、上交税费等。这些业务的发生，会引起会计要素发生增减变化，在会计上称作会计事项。但是，无论发生什么经济业务，都不会破坏上述资产与负债及所有者权益之间的平衡关系。

一个企业在经营过程中所发生的经济业务是多种多样的，但从其引起的资产、负债、所有者权益的增减变动情况看，则可以概括以下九种基本类型：

（1）资产和负债要素同时等额增加；

（2）资产和负债要素同时等额减少；

（3）资产和所有者权益要素同时等额增加；

（4）资产和所有者权益要素同时等额减少；

（5）资产要素内部项目等额有增有减，负债和所有者权益要素不变；

（6）负债要素内部项目等额有增有减，资产和所有者权益要素不变；

（7）所有者权益要素内部项目等额有增有减，资产和负债要素不变；

（8）负债要素增加，所有者权益要素等额减少，资产要素不变；

（9）负债要素减少，所有者权益要素等额增加，资产要素不变。

【例 2-5】假设科贸公司 2019 年 12 月 1 日的资产、负债及所有者权益的状况如表 2-2 所有。

表 2-2　　资产、负债及所有者权益的状况表

单位：万元

资　产	权　益	
	负　债	所有者权益
1000	400	600

科贸公司 2019 年 12 月发生以下经济业务：

（1）从银行取得三个月的借款 50 万元，存入银行。

这项经济业务的发生，使科贸公司资产中银行存款增加了 50 万元，同时引起负债中的短期借款增加了 50 万元，增加的金额相等，双方总额仍然相等。

（2）以银行存款 60 万元归还六个月到期的银行借款。

这项经济业务的发生，使科贸公司资产中银行存款减少了 60 万元，同时引起负债中短期借款减少了 60 万元，减少的金额相等，双方总额仍然相等。

（3）收到甲公司投资款 100 万元，存入银行。

这项经济业务的发生，使科贸公司的资产中的银行存款增加了 100 万元，同时引起所有者权益中的实收资本增加了 100 万元，增加的金额相等，双方总额仍然相等。

（4）乙公司收回投资 30 万元，以银行存款支付。

这项经济业务的发生，使科贸公司资产中银行存款减少了 30 万元，同时引起所有者权益中的实收资本减少了 30 万元，减少的金额相等，双方总额仍然相等。

（5）从银行提取现金 5 万元备用。

这项经济业务的发生，使科贸公司资产中的库存现金增加了 5 万元，同时引起资产中的银行存款减少了 5 万元，增减的金额相等，双方总额仍然相等。

（6）从银行取得六个月的借款 20 万元，偿还前欠丙公司的货款。

这项经济业务的发生，使科贸公司负债中短期借款增加了 20 万元，同时引起负债中的应付账款减少了 20 万元，增减的金额相等，双方总额仍然相等。

（7）经批准将资本公积 10 万元转增资本。

这项经济业务的发生，使科贸公司所有者权益中实收资本增加了 10 万元，同时引起所有者权益中的资本公积减少了 10 万元，增减的金额相等，双方总额仍然相等。

（8）丁公司委托科贸公司代为偿还前欠A公司货款20万元，并作为对科贸公司投资的减少，因办妥有关手续，但科贸公司尚未支付款项。

这项经济业务的发生，使科贸公司所有权益中实收资本减少了20万元，同时引起负债中的应付账款增加了20万元，增减的金额相等，双方总额仍然相等。

（9）戊公司将科贸公司的欠款40万元转作对科贸公司的投资，已办妥有关手续。

这项经济业务的发生，使科贸公司负债中应付账款减少了40万元，同时引起所有者权益中的实收资本增加了40万元，增减的金额相等，双方总额仍然相等，

上述各种变化类型，见表2–3。

表2–3　经济业务变化后资产、负债、所有者权益变化及结果

单位：万元

序号	资产	= 负债 + 所有者权益	
期初	1000	400	600
（1）	+50	+50	
（2）	−60	−60	
（3）	+100		+100
（4）	−30		−30
（5）	+5；−5		
（6）		+20；−20	
（7）			+10；−10
（8）		+20	−20
（9）		−40	+40
变化后结果	1060	370	690

通过以上举例说明，凡是发生涉及资产和负债及所有者权益两方项目同增同减的经济业务，都会使双方原来的总额发生相等金额的同增同减的变化，因此，变化的结果为双方金额仍然相等。凡是只涉及资产或负债及所有者权益内部项目之间的变动，内部的两个项目此增彼减，原来的总额不会变化，自然不会影响平衡。因此，任何一项经济业务的发生，不论引起资产和负债及所有者权益发生怎样的增减变化，都不会破坏资产与负债及所有者权益之间的平衡关系。

二、掌握经营成果会计等式

企业开展生产经营活动的直接目的是获取收入、实现盈利。企业在取得收入的同时，必然要发生相应的费用。通过收入与费用的比较，我们才能确定一定时期的盈利水平，确

定实现的利润总额。它们之间的关系用公式表示为：

$$收入-费用=利润$$

这是反映经营成果的会计等式。企业一定时期所获得的收入扣除所发生的各项费用后的余额，表现为利润。在实际工作中，收入、费用与利润的平衡关系有两条基本原则：一是权责发生制，要求会计核算要以收入和费用的归属期为标准来确定各期的经营收支；二是配比原则，要求会计核算要将一定会计期间的各项收入和与之相关的各项费用相对比，以正确确定各期的净损益。只有在遵循上述两个原则的条件下，收入、费用和利润的平衡关系才具有现实意义。

收入、费用和利润之间的上述关系是企业编制利润表的基础。

企业在生产经营活动中发生的业务，凡是引起资产、负债、所有者权益、收入、费用和利润六个要素增减变化的交易或事项，称之为经济业务。随着经济业务的发生，资产和权益就会发生增减变动，但都不会破坏基本会计等式所表达的恒等关系。

德育小课堂——课堂讨论

企业的经营活动不会破坏会计恒等式的平衡关系，人生的会计恒等式也一定要保持平衡。同学们的资产、负债、所有者权益是什么？如何保持平衡呢？

任务三　会计核算方法

会计的方法是履行会计职能、完成会计任务、实现会计目标的方式，是会计管理的手段。会计的方法具体包括会计核算方法、会计分析方法和会计检查方法。本节主要介绍会计核算方法。

一、知晓会计核算方法的内容

会计核算方法是对经济业务进行全面、连续、系统的记录和计算，为经营管理提供必要的信息所应用的方法，它是整个会计方法体系的基础。会计核算方法一般包括设置账户、复式记账、填制和审核凭证、登记账簿、成本计算、财产清查和编制财务会计报告七种方法。

设置账户是指对会计对象要素的具体内容进行归类、核算和监督的一种专门方法。

复式记账是对每一项经济业务以相等的金额，在两个或两个以上相互联系的账户中进行登记的一种专门方法。

填制和审核凭证是为了保证会计记录完整、可靠，审查经济活动是否合理合法而采用的一种专门方法。

登记账簿是在账簿中连续、完整、系统、科学地记录和反映经济活动及财务收支的一种方法。

成本计算是按照一定的成本对象，对生产经营过程中所发生的成本、费用进行归集，以确定各成本对象的总成本和单位成本的一种专门方法。

财产清查通过盘点实物、核对往来款项，以查明财产物资实有数的一种专门方法。

编制财务会计报告是以书面报告的形式，定期总括反映生产经营活动的财务状况和经营成果的一种专门方法。

二、会计核算方法体系

上述会计核算的各种专门方法，是一个完整的方法体系，如图 2-6 所示。为了科学地组织会计核算，实行日常的会计监督，必须全面地、相互联系地应用这些专门方法。也就是说，对于日常发生的各项经济业务，都要填制和审核凭证；按照规定设置的账户，运用复式记账法记入有关账簿；对于经营过程中发生的各项费用，应当进行成本计算；一定时期终了，进行财产清查，在账证相符、账账相符、账实相符的基础上，根据账簿记录，编制财务会计报告。

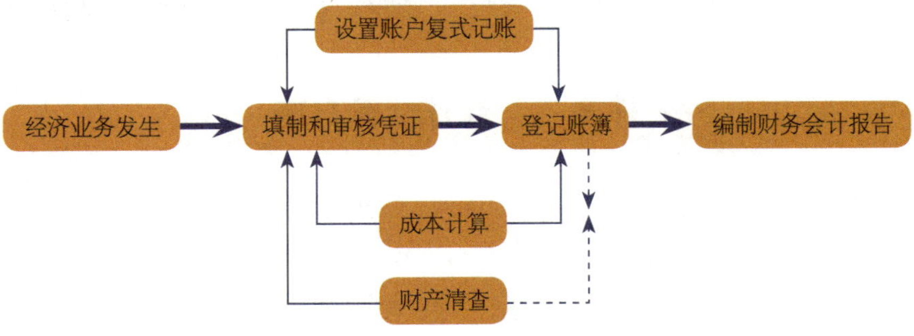

图 2-6　会计核算方法体系

项目小结

通过近 1 个月的学习，晓革了解了会计要素的概念，熟练掌握了会计要素的构成及其具体内容，知道了什么是会计基本等式，学会了分析不同经济业务类型对会计要素的影响等知识，并知晓了会计核算方法体系的内容。

项目三　知悉账户和复式记账

项目目标

1. 了解会计科目和账户的概念及其区别与联系。
2. 熟悉企业常用的会计科目。
3. 掌握借贷记账法的特点及其账户结构。
4. 掌握借贷记账法的具体运用，熟练编制会计分录。
5. 正确编制试算平衡表。
6. 掌握账户平行登记的方法。

项目导入

通过对前两个项目的学习，晓苹对会计核算有了较深的理解。周末，晓苹在帮助爸妈照看家里超市的同时，试着按照会计要素对超市的账目进行归类，如资产、负债、所有者权益等。她发现超市里的商品种类太多了，而且进货的渠道各不相同，往来客户很多，怎么样才能把这些核算清楚呢，那就从认识会计科目和设置账户开始吧！

任务一　知悉会计科目和账户

会计的首要任务是真实、准确、完整地记录各项经济业务和反映经济活动情况，为经济管理工作提供系统、全面的核算资料和经济信息。核算资料和经济信息主要来源于各个账户，为此，企业必须设置账户。为了设置账户，首先要确定会计科目，因为账户是根据会计科目开设的。

一、认识会计科目

（一）理解会计科目的概念

如前所述，会计核算的对象是会计要素。在六大会计要素中，每一个要素都包括许多具体内容，如资产包括库存现金、银行存款、应收账款、原材料、固定资产、无形资产等；负债包括短期借款、应付账款、应付职工薪酬等。如果我们要把企业所发生的每一笔经济业务都清楚地记录下来，就必须对会计要素做进一步分类，并对这种分类赋予一个简明扼要又通俗易懂的名称。例如，存放在出纳保险柜里的钱叫库存现金；房屋、建筑物、机械设备、运输工具等劳动资料叫固定资产；为生产产品而储存的各种主要材料、辅助材料等劳动对象叫原材料；企业向银行等金融机构借的钱叫短期借款（或长期借款）……所以，会计科目的概念可以表述为：会计科目是按照经济业务的内容和经济管理的要求，对会计要素的具体内容进行分类核算的项目。通常在实际工作中，会计科目可简称为科目，是对会计要素具体内容进行分类核算的类别名称。

（二）剖析会计科目存在的意义

会计科目的设置可以把各项会计要素的增减变化分门别类地归集起来，使之一目了然，以便为企业内部经营管理和向有关方面提供一系列具体分类核算指标，满足会计信息使用者的需要。会计科目存在的意义包括：（1）会计科目是复式记账的基础；（2）会计科目是编制记账凭证的基础；（3）会计科目为成本核算及财产清查提供了前提条件；（4）会计科目为编制会计报表提供了方便。

（三）了解设置会计科目的原则

会计科目作为向投资者、债权人、企业经营管理者等提供会计信息的重要手段，在其设置过程中应努力做到科学、合理、适用，应遵循以下原则。

1. 合法性原则

合法性原则是指所设置的会计科目应当符合国家统一的会计制度的规定。我国现行的统一会计制度均对企业设置的会计科目做出了规定，以保证不同企业对外提供的会计信息的可比性。企业应当参照会计制度中的统一规定的会计科目，根据自身的实际情况设置会计科目，但其设置的会计科目不得违反现行会计制度的规定。对于国家统一会计制度规定的会计科目，企业可以根据自身的生产经营特点，在不影响统一会计核算要求及对外提供统一的财务报表的前提下，自行增设、减少或合并某些会计科目。

2. 相关性原则

相关性原则是指所设置的会计科目应当为有关各方提供所需要的会计信息服务，满足对外报告与对内管理的要求。根据《企业会计准则》的规定，企业财务报告提供的信息必须满足对内对外各方面的需要，而设置会计科目必须服务于会计信息的提供，必须与财务报告的编制相协调，相互关联。

3. 实用性原则

实用性原则是指所设置的会计科目应当符合单位自身特点，满足单位实际需要。企业的组织形式、所处行业、经营内容及业务种类等的不同，在会计科目的设置上亦应有所区别。在合法性的基础上，企业应根据自身特点，设置符合企业需要的会计科目。

4. 清晰性原则

会计科目作为对会计要素分类核算的项目，要求简单明确，字义相符，通俗易懂。同时，企业对每个会计科目所反映的经济内容也必须做到界限明确，既要避免不同会计科目所反映的内容重叠的现象，也要防止全部会计科目未能涵盖企业某些经济内容的现象。

（四）知悉会计科目的分类

为明确会计科目之间的相互关系，充分理解会计科目的性质和作用，进而更加科学规范地设置会计科目，以便更好地进行会计核算和会计监督，有必要对会计科目按一定的标准进行分类。

1. 按经济内容分类

会计科目按照所反映的经济内容不同可分为六大类，即资产类科目、负债类科目、共同类科目（本书暂不介绍）、所有者权益类科目、成本类科目和损益类科目。会计科目按照会计科目的经济内容进行分类，遵循了会计要素的基本特征，将各项会计要素的增减变化分门别类地进行归集，清晰反映了企业的财务状况和经营成果。

2. 按其核算信息详略程度分类

为了使企业提供的会计信息更好地满足各会计信息使用者的不同要求，必须对会计科目按照其核算信息的详略程度进行级次划分。一般情况下，可以将会计科目分为总分类科目和明细分类科目。

（1）总分类科目又称一级科目或总账科目，是对会计要素具体内容所做的总括分类的类别名称，它提供总括性的核算指标，如固定资产、原材料、应收账款、应付账款等。

（2）明细分类科目又称明细科目或细目，是对总分类科目所含内容所做的更为详细分类的类别名称，它能提供更为详细、具体的核算指标。为了保证会计核算工作的需要，在总账科目下设的明细科目较多的情况下，可在总账科目和明细科目之间增设二级科目（也称子目）。

现以固定资产、原材料和库存商品三个会计科目为例，列表说明一级科目、子目、细目的相互关系，见表 3-1。

表 3-1　　一级科目、子目、细目的相互关系表

总分类科目（一级科目）	二级科目（子目）	明细科目（细目）
固定资产	房屋及建筑物	厂房
		仓库
	机器设备	车床
		铣床
		刨床
原材料	主要材料	甲材料
		乙材料
	辅助材料	润滑油
		油漆
库存商品	服装	男服
		女服
	电器	冰箱
		彩电
		空调
	食品	饮料
		方便面
		火腿肠

在我国，总分类科目一般由财政部统一制定，明细科目除规定设置的以外，各单位可以根据自身特点和实际需要自行设置，以保证会计科目的要求。由一级科目、子目和细目所组成的会计科目体系，是各单位建立账簿、开设账户、组织会计核算工作的框架，是实施会计监督和提供企业及有关各方面所需的经济信息资料的基础和依据。另外，为方便使用会计电算化，《企业会计准则》还对一级会计科目进行了统一编号。

为了便于以下各章举例之用，参照《企业会计准则》的会计科目表，编制简明会计科目表，见表 3-2。

表 3-2　会计科目表

序号	编号	会计科目名称	序号	编号	会计科目名称
		一、资产类	25	2241	其他应付款
1	1001	库存现金	26	2601	长期借款
2	1002	银行存款	27	2602	应付债券
3	1121	应收票据			三、共同类（略）
4	1122	应收账款			四、所有者权益类
5	1123	预付账款	28	4001	实收资本
6	1131	应收股利	29	4002	资本公积
7	1231	其他应收款	30	4101	盈余公积
8	1241	坏账准备	31	4103	本年利润
9	1401	材料采购	32	4104	利润分配
10	1402	在途物资			五、成本类
11	1403	原材料	33	5001	生产成本
12	1406	库存商品	33	5101	制造费用
13	1601	固定资产			六、损益类
14	1602	累计折旧	35	6001	主营业务收入
15	1701	无形资产	36	6051	其他业务收入
16	1901	待处理财产损溢	37	6111	投资收益
		二、负债类	38	6301	营业外收入
17	2001	短期借款	39	6401	主营业务成本
18	2201	应付票据	40	6402	其他业务成本
19	2202	应付账款	41	6405	税金及附加
20	2205	预收账款	42	6601	销售费用
21	2211	应付职工薪酬	43	6602	管理费用
22	2221	应交税费	44	6603	财务费用
23	2232	应付股利	45	6711	营业外支出
24	2233	应付利息	46	6801	所得税费用

3. 按其经济用途分类

经济用途指的是会计科目能够提供什么经济指标。会计科目按照经济用途可以分为盘存类科目、结算类科目、跨期摊配类科目、资本类科目、调整类科目、集合分配类科目、成本计算类科目、损益计算类科目和财务成果类科目等。

二、知悉账户

（一）把握账户的定义

在会计核算过程中，当发生经济业务时，只能通过会计科目描述其涉及的内容，而不能将其涉及的内容记录下来，因为会计科目只是规定了会计对象的类别名称。为了连续、系统、全面地记录由于经济业务的发生而引起的会计要素的增减变动，必须开设账户。

账户是根据会计科目设置的，具有一定格式和结构，用于分类反映会计要素增减变动情况及其结果的载体。每一个账户都有一个名称，用以说明该账户核算的经济内容。账户是根据会计科目设置的，因此账户的名称必须与会计科目一致。设置账户是会计核算的重要方法之一。

（二）了解账户分类

同会计科目的分类相对应，账户按其所提供信息的详细程度及其统驭关系不同分为总分类账户（简称“总账账户”或“总账”）和明细分类账户（简称“明细账”）；按其所反映的经济内容不同分为资产类账户、负债类账户、所有者权益类账户、成本类账户、损益类账户等。

（三）知悉账户与会计科目的联系和区别

1. 联系

会计科目与账户都是对会计对象具体内容的项目分类，两者口径一致，性质相同。会计科目是设置账户的依据，会计科目是账户的名称；账户是会计科目的具体运用，会计科目所要反映的经济内容，就是账户所要登记的内容。

2. 区别

会计科目仅仅是一个名称，只表明某类经济内容；账户既有名称又有一定的格式和结构,可以记录和反映某类经济内容的增减变动情况及其结果。会计科目是国家通过制定《企业会计准则》而统一制定的；账户是由企业单位根据会计科目的设置和自身经营管理的需要在账簿中开设的。

（四）确认账户的基本结构

账户分为左、右两个方向,一方登记增加,另一方登记减少。其基本结构如表 3-3 所示。

表 3-3　账户的基本结构

左方	账户名称（会计科目）	右方

上述账户结构称为“T”形（或“丁”形）结构。至于哪一方登记增加，哪一方登记减少，取决于所记录经济业务和账户的性质，以及所采用的记账方法。如果在左方登记增加额，则在右方登记减少额，余额反映在左方；如果在右方登记增加额，则在左方登记减少额，余额反映在右方。资产、成本、费用类账户借方登记增加额、贷方登记减少额；负债、所有者权益、收入类账户借方登记减少额、贷方登记增加额。

账户中登记本期增加的金额，称为本期增加发生额；登记本期减少的金额，称为本期减少发生额；增减相抵后的差额，称为余额，余额按照时间不同，分为期初余额和期末余额。其基本关系如下：

期末余额 = 期初余额 + 本期增加发生额 − 本期减少发生额

由于企业的经营活动持续不断地进行，并且以此作为假定前提，所以，本期的期末余额必然是下期的期初余额；上期的期末余额必然是本期的期初余额。也就是说，余额按照表示的时间不同，可分为期初余额和期末余额。上述 T 形结构只是账户的简单格式。使用这种格式可以很方便地将会计要素所发生的增减变动情况记录下来，并对其进行汇总。在实际工作中，为了详细记录经济业务，并保证会计信息的真实、完整，账户必须使用正规格式。账户正规格式具体包括账户名称（会计科目）、记录经济业务的日期、凭证的编号、经济业务摘要、增减金额、余额等，如表 3−4 所示。

表 3–4　　账户名称（会计科目）

年		凭证编号	摘　要	借　方	贷　方	借或贷	余　额
月	日						

账户的基本栏目说明如表 3−5 所示。

表 3–5　　账户的基本栏目说明

账户的基本栏目	账户名称	会计科目
	日期栏	用以说明记录经济业务的日期（年、月、日）
	凭证编号栏	表明记录经济业务的记账凭证编号
	摘要栏	经济业务内容的简要说明
	增减（或借贷）金额栏	表明经济业务增减变动情况
	增或减（借或贷）方向栏	用以说明经济业务增减变动后的结果的当前方向
	余额栏	表明经济业务增减变动后的结果

在会计教学中，因限于客观条件，不可能在课堂上对列举的经济业务都按照账户的正规格式一一举例，通常还是将账户结构简化为“丁”形结构。

任务二　掌握复式记账

一、认识复式记账

我们已经知道了经济业务的发生会引起某些会计要素发生增减变动，也明确了这种数量上的变动应当在账户中加以记录。怎样记录呢？这就是记账方法问题。

记账方法是指对发生的经济业务根据一定的原理，运用一定的记账符号和记账规则在账户中予以登记的方法。

从会计发展的历史来看，人类曾使用过两大类记账方法：一类是单式记账法，另一类是复式记账法。

单式记账法是一种原始的、简单的、不完整的记账方法，其做法是对于发生的每一笔经济业务只在一个账户中进行记录。除对于有关人欠、欠人的库存现金、银行存款收付业务，在两个或两个以上有关账户中登记外，其他经济业务只在一个账户中登记或不予登记。其特点是平时只登记库存现金、银行存款的收付业务和各种往来账项。例如，用银行存款购买材料，只记“银行存款”账，不记“原材料”账；购买材料，货款未付时，只记“应付账款”账，不记“原材料”账；收到应收款或偿付应付款时，则同时登记“库存现金”或“银行存款”账和“应收账款”账。对于固定资产折旧、材料物资的耗用等经济业务，因不涉及库存现金或银行存款的收付，故而不予登记。也就是说单式记账法只着重考虑库存现金、银行存款的收支及债权、债务款项的结算。

采用单式记账法，手续比较简单，但不能全面、系统地反映经济业务的全貌，更无法反映发生的经济业务所涉及的账户之间的相互关系，不便于检查账户记录的准确性，因此是一种不完整的记账方法，不能适应复杂的商品经济发展的需要，于是在 15 世纪末、16 世纪初逐渐被复式记账法所取代。

复式记账法是相对于单式记账法而言的，是指以资产与权益平衡关系作为记账基础，对于每一项经济业务，都要在两个或两个以上的账户中相互联系地进行登记，系统地反映会计要素变化结果的一种记账方法。例如，某企业用现金 500 元购入生产材料。在复式记账法下，应在“库存现金”账户中登记减少 500 元，同时在“原材料”账户中登记增加 500 元。这就说明“库存现金”减少 500 元，同时“原材料”增加 500 元，“库存现金”减少的原因是由于购买了“原材料”。这样的记录才能全面、系统地反映出经济业务的发生过程及结果，满足会计信息使用者的需要。由此可见，复式记账法的产生是会计史上的一大进步。社会经济学家维纳·肖伯特说："复式记账的诞生，其意义可以同伽利略和牛顿的发现齐名。"

想一想

某公司用银行存款购买笔记本电脑 20 台用于办公，价值 100 000 元。采用单式记账法和复式记账法的情况分别怎样？比较一下，哪一种方法好？

采用复式记账法，可以全面地、相互联系地反映各项经济业务的全貌，并可利用会计要素之间的内在联系和试算平衡公式来检查账户记录的准确性，它是一种比较完善的记账方法，为世界各国所通用。

"会计恒等式"是复式记账的原理，即"资产 = 负债 + 所有者权益"反映的是会计要素之间的平衡关系。复式记账的经济内容是会计要素，它们是相互联系、相互依存的，各自具有独立的含义，并以不同的具体形式存在，企业发生的经济业务，都会引起每一个具体形式的价值数量变化，因而设置相应的账户进行登记，就使复式记账组成一个完整、系统的记账组织体系。有了这样一个记账组织体系，不仅反映了资产、负债和所有者权益的增减变化和结存情况，而且还能确知收入、费用和利润的数额及其形成原因。这是复式记账能够全面地核算和监督企业的经济活动的根本原因。复式记账通过价值形式的计算和记录，为经济管理提供核算指标，因而，复式记账必然有一定的记账技术方法。它是以记账内容之间所表现出的数量上的平稳关系，作为记账技术方法的基础。会计恒等式即是各会计要素之间的关系表达式，它不仅是价值数量的关系表现，而且也有经济性质上的说明。会计恒等式的等量双方，必然要求经济事物发生相互联系和等量的变化，为此，必须通过两个或两个以上的账户，相互联系地做双重记录，才能得到全面反映。显然，这是由复式记账本身的要求所决定的。它如实地反映了经济事物的客观联系，正说明复式记账技术方法是科学的。

复式记账法是从单式记账法发展起来的一种比较完善的记账方法。与单式记账法相比，其主要特点是：对每项经济业务都以相等的金额在两个或两个以上的相互联系的账户中进行记录（即做双重记录，这也是这一记账法被称为"复式"的由来）；各账户之间客观上存在对应关系，对账户记录的结果可以进行试算平衡。复式记账法较好地体现了会计要素变化的内在规律，能够全面、系统地反映资金增减变动的来龙去脉及经营成果，并有助于检查账户处理和保证账簿记录结果的正确性。复式记账法是一种科学的记账方法，而广泛地应用复式记账法成为现代会计的主要标志之一。

按照记账符号、记账规则、试算平衡的不同，复式记账曾有借贷记账法、增减记账法、收付记账法三种，我国企业会计准则明确规定，企业会计核算必须采用借贷记账法。

二、知悉借贷记账法

前面我们已经阐明了复式记账方法的原理。这种原理明确了每一项经济业务的发生都应当在两个或两个以上的账户中进行登记的基本原则，但并未具体阐述当经济业务发生时，应使用何种记账符号和何种记账规则将其在账户中进行记录。

（一）理解借贷记账法的概念

借贷记账法是按照复式记账法的原理，以资产与权益的平衡关系为基础，以借、贷二字作为记账符号，以“有借必有贷，借贷必相等”为记账规则的一种复式记账方法。借贷记账法之所以科学，是因为其具有科学明确的记账符号、健全的账户体系，以及合理的账户结构、科学的记账规则和试算平衡方法。

（二）掌握借贷复式记账法的基本内容

借贷记账法的基本内容包括记账符号、账户的设置和结构、记账规则及试算平衡四项。

1. 认识记账符号

借贷记账法以“借”和“贷”作为记账符号，即用“借”和“贷”作为指明应记入某一账户的某一方向的符号。

“借”和“贷”是历史的产物，其最初的含义与债权、债务有关，后来逐步转化为抽象的记账符号，并获得了新的含义：

第一，它将每一个账户都固定地分为两个相互对立的部分，账户左方称为借方，右方称为贷方，以此来表示账户内容的增减变化。

第二，具有双重含义，“借”和“贷”作为记账符号，难以直接说明账户内容是增是减，但与不同性质的账户结合在一起，就具有明确的含义。如资产的增加记“借方”，权益的增加记“贷方”。

2. 把握账户的设置和结构

由于国家统一规定了健全的会计科目体系，企业按照规定的会计科目开设账户即可。企业账户通常分为五类，即资产、负债、所有者权益、成本和损益类。除此之外，还可以设置双重性质的账户。

前面讲过，在借贷记账法下，账户分为借贷两方，其中一方用来登记增加的金额，而另一方用来登记减少的金额。那么，究竟哪一方用来登记增加额，哪一方用来登记减少额，这就要看看账户反映的经济内容（即账户的性质）。不同性质的账户，其结构也是不同的。

（1）资产类账户的结构。

资产类账户的结构是：借方登记资产的增加额，贷方登记资产的减少额。在一定会计期间内（月、季、年），借方登记的增加数额的合计数称为借方发生额，贷方登记的减少数额的合计数称为贷方发生额，在每一会计期末，将借、贷方数额相比较，其差额称作期末余额，本期的期末余额结转下期，即为下期的期初余额。

资产类账户的结构如表 3–6 所示。

表 3–6　资产类账户

借方　贷方

期初余额：	×××		
本期增加额	×××	本期减少额	×××
本期发生额：	×××	本期发生额：	×××
期末余额：	×××		

资产类账户的期末余额一般在借方，其计算公式如下：

资产类账户借方期末余额 = 借方期初余额 + 借方本期发生额 − 贷方本期发生额

现以“原材料”账户为例，说明资产类账户的登记方法，见表 3–7。

表 3–7　总分类账户

账户名称：原材料　金额单位：元

20×× 年		凭证号数	摘　要	借　方	贷　方	借或贷	余　额
月	日						
8	1	（略）	月初余额	.		借	78 000
	2		①购入材料	13 000		借	91 000
	8		②购入材料	1 000		借	92 000
	10		③发出生产用材料	.	53 500	借	38 500
	31		本月合计	14 000	53 500	借	38 500

表 3–7 是一个完整的账户，若用“T”形账户则如表 3–8 所示。

表 3–8　原材料

借方　贷方

期初余额：	78 000		
①	13 000	③	53 500
②	1 000		
本期发生额：	14 000	本期发生额：	53 500
期末余额：	38 500		

成本类账户的结构与资产类账户的结构基本相同，可比照资产类账户进行登记。

（2）负债及所有者权益类账户的结构。

负债及所有者权益类账户的结构与资产类账户正好相反，即其贷方登记负债及所有者权益的增加额，借方登记负债及所有者权益的减少额。在一定会计期间内（月、季、年），贷方登记的增加数额的合计数称为贷方发生额，借方登记的减少数额的合计数称为借方发生额，在每一会计期期末，将贷、借方数额相比，其差额称作期末余额，本期的期末余额结转到下期，即为下期的期初余额。

负债及所有者权益类账户的结构如表 3–9 所示。

表 3–9　负债及所有者权益类账户

借方　贷方

		期初余额：	×××
本期减少额	×××	本期增加额	×××
本期发生额：	×××	本期发生额：	×××
		期末余额：	×××

负债及所有者权益类账户的期末余额一般在贷方，其计算公式如下：

负债及所有者权益类账户贷方期末余额 = 贷方期初余额 + 贷方本期发生额 − 借方本期发生额

现以“应付账款”账户为例，说明负债及所有者权益类账户的登记方法，见表 3–10。

表 3–10　总分类账户

账户名称：应付账款　金额单位：元

20×× 年		凭证号数	摘　要	借　方	贷　方	借或贷	余　额
月	日						
8	1	（略）	月初余额			贷	9 500
	2		①购料欠款		13 000	贷	22 500
	4		②偿还货款	3 000		贷	19 500
	8		③购料欠款		1 000	贷	20 500
	31		本月合计	3 000	14 000	贷	20 500

表 3–10 是一个完整的账户，若用“T”形账户则如表 3–11。

表 3-11　　　　应付账款

借方　　　　　　　　　　　　贷方

		期初余额：	9 500
②	3 000	①	13 000
		③	1 000
本期发生额：	3 000	本期发生额：	14 000
		期末余额：	20 500

（3）损益类账户的结构。

损益类账户按反映的具体内容不同，又可分为反映各项收入的账户和反映各项费用支出的账户。企业在生产经营过程中要不断地取得各种收入，为了取得收入，必然要发生各种费用支出。将一定期间的收入与费用支出配比，就可以计算实现的利润。利润是企业资产的一个来源，在未分配前，可以将其看作所有者权益的增加。所以，收入类账户的结构与所有者权益类账户的结构基本相同，贷方登记收入的增加额，借方登记收入的转出额（减少额）。由于贷方登记的收入增加额期末一般都是从借方转出，以便确定一定期间的利润，因此，该类账户期末结转后无余额。

费用支出类账户的结构与资产类账户的结构基本相同，借方登记费用支出的增加额，贷方登记费用支出的转出额（减少额）。由于借方登记的费用支出增加额期末一般都要从贷方转出，以便确定一定期间的利润，因此，该类账户期末结转后无余额。

费用支出类账户、收入类账户和利润类账户的结构如表 3-12 至表 3-14 所示。

表 3-12　　　　费用支出类账户

借方　　　　　　　　　　　　贷方

本期增加额	×××	本期减少额	×××
本期发生额：	×××	本期发生额：	×××
期末余额：期末结转后无余额			

表 3-13　　　　收入类账户

借方　　　　　　　　　　　　贷方

本期减少额	×××	本期增加额	×××
本期发生额：	×××	本期发生额：	×××
		期末余额：期末结转后无余额	

表 3-14　　利润类账户

借方　　贷方

本期减少额　×××	期初余额（年初无余额）：××× 本期增加额　×××
本期发生额　×××	本期发生额　×××
	期末余额（年末无余额）：×××

（4）双重性质账户的结构。

双重性质账户的具体结构可以以债权、负债类账户为例加以说明，如表 3-15 所示。

表 3-15　　债权、负债类账户

借方　　贷方

本期债权增加额　××× 本期负债减少额　×××	本期负债增加额　××× 本期债权减少额　×××
本期发生额：　×××	本期发生额：　×××
期末余额（表示债权）：×××	期末余额（表示负债）：×××

双重性质的账户要根据账户的余额方向确定其性质，如果余额在借方即应归入资产项目，若余额在贷方应归入负债项目。因此，在借贷记账法下设置双重性的账户，可减少账户设置数量。

综合以上对各类账户结构的说明，将全部账户借方和贷方所记录的经济内容加以归纳，如表 3-16 所示。

表 3-16　　账户名称（会计科目）

借方　　贷方

资产的增加 成本的增加 费用支出的增加 负债的减少 所有者权益的减少 收入的转销	负债的增加 所有者权益的增加 收入的增加 资产的减少 成本的减少 费用支出的转销
期末余额：资产或成本余额	期末余额：负债或所有者权益余额

3. 熟悉记账规则

记账规则是采用复式记账法记账时所应遵守的规则。在企业的生产经营过程中，每天都发生着大量的经济业务，这些经济业务虽然千差万别、错综复杂，但归纳起来不外乎四种类型。现以腾达公司20××年1月发生的经济业务为例，对四种类型的经济业务各举一例，说明借贷记账法的记账规则。

第一种类型：资产与权益同时增加。

【例3-1】企业收到B公司投入的资金20 000元，存入企业银行存款账户。

对这项经济业务，要记入“银行存款”账户的借方，同时，记入“实收资本”账户的贷方；记入借方的金额与记入贷方的金额相等。记入账户后的情况如表3-17所示。

表3-17

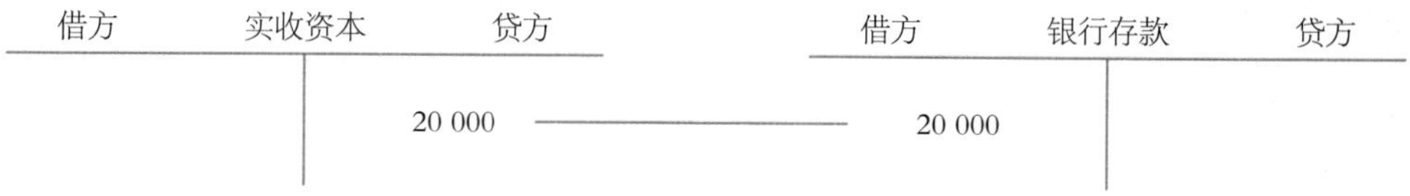

第二种类型：资产与权益同时减少。

【例3-2】企业以银行存款偿还应付采购原材料的货款1 200元，归还其他应付款项300元。

这项经济业务也涉及三个账户，应在记入“银行存款”账户贷方的同时，记入负债类账户“应付账款”和“其他应付款”账户的借方；记入贷方的金额应与记入借方的金额之和相等。记入账户后的情况如表3-18所示。

表3-18

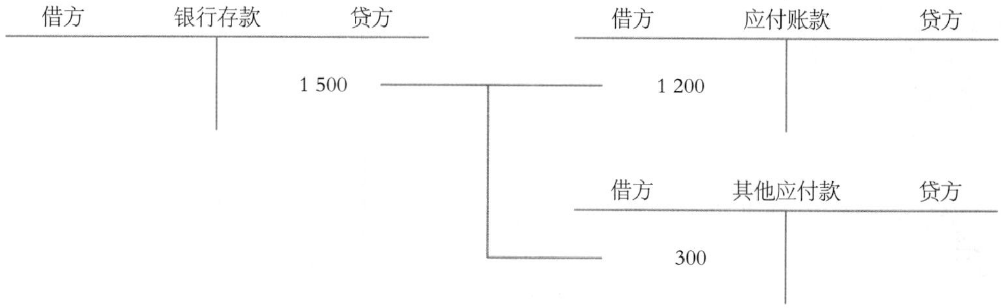

第三种类型：资产内部有增有减。

【例3-3】企业将现金3 000元存入企业银行存款账户。

这项经济业务，涉及两个资产类账户的变化，应记入“银行存款”账户的借方和“库存现金”账户的贷方；记入“库存现金”和“银行存款”账户的金额相等。这项经济业务记入账户的情况如表3-19所示。

表 3-19

第四种类型：权益内部有增有减。

【例 3-4】企业开出商业汇票 6 000 元，抵付所欠外单位的应付账款。

这项经济业务引起一项负债增加，一项负债减少，应在记入“应付账款”账户借方的同时，记入“应付票据”账户的贷方，记入借方的金额与记入贷方的金额相等。记入账户后的情况如表 3-20 所示。

表 3-20

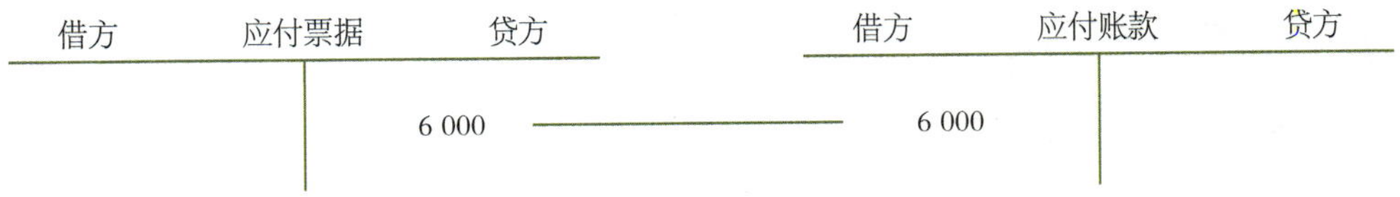

从以上四种类型的经济业务举例可以看出，在借贷记账法下，每一项业务发生后，都要以相等的金额同时记入有关的账户，一个记借方，另一个记贷方。项目二的内容讲过，收入、费用变动的经济业务对会计等式的影响也不外乎四种类型，用借贷记账法对其进行记录的规则也是相同的。这样，我们可以从中归纳概括出借贷记账法的记账规则：有借必有贷，借贷必相等。这个记账规则也可以用表 3-21 所示。

表 3-21　借贷记账法的记账规则

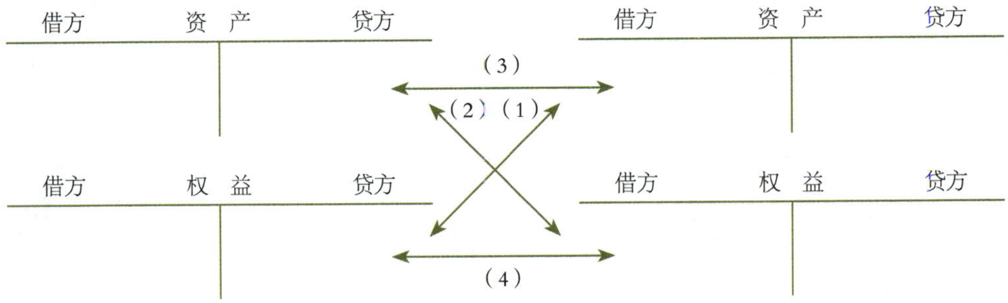

4. 掌握试算平衡

试算平衡是指为保证会计账务处理的正确性，依据会计等式或复式记账原理，对本期各账户的全部记录进行汇总和测算，以检查账户记录的正确性和完整性的一种方法。

扫描二维码
观看微课

采用借贷记账法记录经济业务，要求对每一项发生的经济业务都按照借贷记账法的“有借必有贷，借贷必相等”记账规则，分别记入有关账户。这样，当一定会计期间内（月、季、年）的全部经济业务的会计分录都记入有关账户后，所有账户的借方发生额合计数必然等于所有账户贷方发生额合计数。期末结账后，所有账户的借方期末余额合计数与贷方期末余额合计数也必然相等。因此，运用借贷记账法记账，就要根据借贷必相等的规则进行试算平衡，以检查每一项经济业务的会计分录是否正确，在借贷记账法下，试算平衡可以按照下列公式进行。

所有账户期初借方余额合计数 = 所有账户期初贷方余额合计数

所有账户本期借方发生额合计数 = 所有账户本期贷方发生额合计数

所有账户期末借方余额合计数 = 所有账户期末贷方余额合计数

期末，企业可通过编制试算平衡表的方式进行总分类账户本期发生额和余额的试算平衡。试算平衡表的格式如表 3–22 所示。

表 3–22　　总分类账户本期发生额和余额的试算平衡

账户名称	期初余额		本期发生额		期末余额	
	借方	贷方	借方	贷方	借方	贷方
合　计						

需要指出的是，如果本期发生额或余额不平衡，说明账户记录或计算一定有错误，但平衡了并不能完全肯定记账没有错误。因为有些错误并不影响平衡关系。如会计科目用错、同一项记录重记或漏记等，这些错误需要采用其他会计检查方法进行检查。

三、掌握会计分录和账户对应关系（借贷记账法的运用）

（一）认识会计分录的概念

为了保证账户记录的正确性，会计实践中，经济业务发生后，不能根据原始凭证直接记账，而必须以原始凭证为依据，对经济业务进行分析、判断，填制记账凭证，对于记账凭证的填制，后续课程学习中会具体介绍。这里仅介绍记账凭证中最基本的内容：账户、记账方向和金额，即会计分录。

会计分录（简称“分录”），是指对每一项经济业务，按照复式记账的要求，分别列示其应借和应贷账户及其金额的一种记录。

会计分录是登记账簿的依据，会计分录的正确与否，直接影响到账户记录的正确性，影响到会计信息的质量。

（二）掌握会计分录的编制

运用借贷记账法编制会计分录，一般按以下步骤进行。

首先，根据经济业务的内容，进行会计确认，判定每项经济业务涉及哪两个或两个以上账户发生变化，其变化是增加还是减少。

其次，根据账户所反映的经济内容，确定所涉及的账户是属于什么性质的账户，按照账户的结构，确定应该记入有关账户的借方或贷方。

最后，根据借贷记账法的记账规则，确定应记入每个账户的金额。

也就是说，任何一项会计分录应包括三个要素，即账户名称（会计科目）、记账方向（借方或贷方）和金额。

现以本项目所举 4 项经济业务事项为例说明会计分录的编制方法。

【例 3-5】企业收到 B 公司投入的资金 20 000 元，存入企业银行存款账户。

借：银行存款　　　　20 000

　　贷：实收资本　　　　20 000

【例 3-6】企业以银行存款偿还应付采购原材料的货款 1 200 元，归还其他应付款项 300 元。

借：应付账款　　　　1 200

　　其他应付款　　　　300

　　贷：银行存款　　　　1 500

【例 3-7】企业将现金 3 000 元存入企业银行存款账户。

借：银行存款　　　　3 000

　　贷：库存现金　　　　3 000

【例 3-8】企业开出商业汇票 6 000 元，抵付欠外单位的应付账款。

借：应付账款　　　　6 000

　　贷：应付票据　　　　6 000

技能要点

会计分录的书写格式

正确地编制会计分录，是正确填制记账凭证的前提条件，也是一个会计人员必须具备的基本技能。

会计分录的书写格式：先写借，后写贷，借贷至少错开一格；注明应记的会计科目，如需注明明细科目的，应在一级科目后面加一破折号，写上明细科目；金额用阿拉伯数字，数字后不写“元”，借方和贷方的金额应各自对齐。

以上格式的会计分录仅是在学习过程中使用的一种草写格式。在实际工作中，会计分录是通过填制记账凭证来完成的。

会计分录按其所涉及账户的多少，可分为简单会计分录和复合会计分录两种。简单会计分录是只涉及两个账户的会计分录，又称一借一贷的会计分录。复合会计分录是涉及两个以上（不包括两个）账户的会计分录，有一借多贷、一贷多借及多借多贷。可以说复合会计分录是由简单会计分录复合而成的会计分录。上述例 3-5、例 3-7、例 3-8 属于简单会计分录，例 3-6 属于复合会计分录。复合会计分录也可以写成简单会计分录，上述例 3-6 复合会计分录是由两个简单会计分录组成的，即：

（1）借：应付账款　　　　1 200

　　　贷：银行存款　　　　1 200

（2）借：其他应付款　　　300

　　　贷：银行存款　　　　300

为了清楚反映账户的对应关系，不可将无关的简单会计分录合并为复合会计分录。一项经济业务事项的发生，一般是编制一借一贷、一借多贷或一贷多借的会计分录，特殊情况下允许编制多借多贷的复合会计分录。

（三）把握账户对应关系

账户对应关系是指采用借贷记账法对每项经济业务进行记录时，相关账户之间形成的应借、应贷的相互对应关系。存在对应关系的账户称为对应账户。

透过账户的对应关系，可以了解经济业务的内容。

例如，记入“库存现金”账户借方 10 000 元和“银行存款”账户贷方 10 000 元。于是“库存现金”和“银行存款”这两个账户就发生了对应关系，这两个账户就叫作对应账户。透过这两个账户的对应关系，可以了解：库存现金的增加是因为银行存款减少，银行存款的减少是因为库存现金增加，两相对照，就可以明了是从银行提取了现金。

透过账户的对应关系，还可以检查对经济业务的账务处理是否合理、合法。

例如，记入“应付账款”账户借方 100 000 元和“库存现金”账户贷方 100 000 元。这两个账户的对应关系表明：该项经济业务是以库存现金偿付购货时的未付款。对这项经济业务所做的账务处理并无错误，但这项经济业务本身却违反了现金管理制度的规定，因为，偿付大额的货款，必须通过银行转账结算，不得直接以现金支付。

再如，记入“银行存款”账户借方 50 000 元和“库存商品”账户贷方 50 000 元。这两个账户对应关系表明：该项经济业务是销售产品收到货款。这两个账户的对应关系不正常，销售产品收到货款时，应记入“银行存款”账户借方 50 000 元和“主营业务收入”账户贷方 50 000 元，所以，这项经济业务的账务处理不正确。

现将前述的腾达公司 20×× 年 1 月发生的经济业务先编制会计分录，再登记账户，最后编制总分类账户本期发生额和余额的试算平衡表。

第一，编制会计分录（见会计分录的编制）。

第二，登记“T”形账户如表3-24（先登记期初余额，期初余额见表3-23，再根据会计分录逐笔登记本月的发生额，最后结出本期发生额及期末余额）。

表3-23　　腾达公司有关账户期初余额

单位：元

资产账户	借　方	贷　方	权益账户	借　方	贷　方
库存现金	3 800		实收资本		36 000
银行存款	7 000		资本公积		14 000
交易性金融资产	20 000		盈余公积		700
应收账款	2 200		短期借款		23 700
原 材 料	9 900		应付票据		4 000
固定资产	48 100		应付账款		9 000
			其他应付款		3 600
合　　计	91 000		合　　计		91 000

表3-24

库存现金

借方	贷方
期初余额：3 800	③ 3 000
	发生额：3 000
期末余额：800	

银行存款

借方	贷方
期初余额：7 000 ① 20 000 ② 3 000	② 1 500
发生额：23 000	发生额：1 500
期末余额：28 5000	

实收资本

借方	贷方
	期初余额：36 000 ① 20 000
	发生额：20 000
	期末余额：56 000

应付票据

借方	贷方
	期初余额：4 000 ④ 6 000
	发生额：6 000
	期末余额：10 000

应付账款

借方	贷方
② 1 200 ④ 6 000	期初余额：9 000
发生额：7 200	
	期末余额：1 800

其他应付款

借方	贷方
② 300	期初余额：3 600
发生额：300	
	期末余额：3 300

第三，根据表 3-23、表 3-24，编制总分类账户本期发生额和余额的试算平衡表，如表 3-25。

表 3-25　　　总分类账户本期发生额和余额的试算平衡表

单位：元

账户名称	期初余额		本期发生额		期末余额	
	借　方	贷　方	借　方	贷　方	借　方	贷　方
一、资产类						
库存现金	3 800			3 000	800	
银行存款	7 000		23 000	1 500	28 500	
短期投资	20 000				20 000	
应收账款	2 200				2 200	
原 材 料	9 900				9 900	
固定资产	48 100				48 100	
二、权益类						
实收资本		36 000		20 000		56 000
资本公积		14 000				14 000
盈余公积		700				700
短期借款		23 700				23 700
应付票据		4 000		6 000		10 000
应付账款		9 000	7 200			1 800
其他应付款		3 600	300			3 300
合　　计	91 000	91 000	30 500	30 500	109 500	109 500

任务三　总分类账户与明细分类账户的平行登记

一、平行登记的要点

（一）总分类账户与明细分类账户的关系

账户按其提供信息的详细程度及统驭关系不同，可以分为总分类账户（简称“总账”）和明细分类账户（简称“明细账”）。会计上同时设置总分类账户和明细分类账户，是为了满足经济管理对会计资料的不同要求。

总分类账户是根据总分类科目开设的，提供资产、权益、收入和费用的总括资料。明细分类账户是根据明细科目开设的，提供资产、权益、收入和费用的详细资料。

总分类账户与明细分类账户的关系可以概括如下。

1. 总分类账户对明细分类账户具有统驭控制作用

总分类账户提供的总括核算资料是对有关明细分类账户资料的综合；明细分类账户所

提供的明细核算资料是对总分类账户资料的具体化。

2. 明细分类账户对总分类账户具有补充说明作用

总分类账户是对会计要素各项目增减变化的总括反映，只提供货币信息资料；明细分类账户是对会计要素各项目增减变化的详细反映，对某一具体方面提供货币、实物量资料。

3. 总分类账户与其所属的明细分类账户在总金额上应当相等

由于总分类账户与其明细分类账户是根据相同的原始依据来进行登记的，所反映的经济内容也是相同的，其总金额必然相等。

（二）牢记平行登记的要点

总分类账户与明细分类账户的密切关系，决定了总分类账户与其所属的明细分类账户应该进行平行登记。平行登记是指对所发生的每项交易或事项都要以会计凭证为依据，一方面记入有关总分类账户，另一方面记入有关总分类账户所属明细分类账户的方法。总分类账户与明细分类账户平行登记要求做到以下四点。

1. 依据相同

依据相同是指将发生的交易或事项记入总分类账户及其所属明细分类账户时，所依据的会计凭证（特别是指原始凭证）相同。虽然登记总分类账户及其所属明细分类账户的直接依据不一定相同，但原始依据是相同的。

2. 方向相同

方向相同是指将发生的交易或事项记入总分类账户及其所属的明细分类账户时，记账的借贷方向应当一致。如果记入总分类账户的借方（或贷方），记入其所属的明细分类账户时，也应记入借方（或贷方）。

3. 期间相同

期间相同是指对发生每一交易或事项，既要记入有关的总分类账户，又要在同一会计期间内记入其所属的明细分类账户。尽管登记总账与明细账的具体日期不一定相同，但都要在同一会计期间内进行登记。

4. 金额相同

金额相同是指对发生的每一交易或事项，计入总分类账户的金额与计入其所属的明细分类账户的金额之和相等。

二、学会平行登记的方法

下面举例说明总分类账户和明细分类账户平行登记的方法。

【例 3-9】2019 年 1 月 1 日，企业的“原材料”和“应付账款”总分类账户及其所属的明细分类账户的余额如下：

（1）“原材料”总账账户为借方余额 35 000 元，其所属明细账户结存情况为：

①“甲材料”明细账户，结存 2 000 千克，单位成本为 10 元，金额计 20 000 元；

②“乙材料”明细账户，结存 50 吨，单位成本为 300 元，金额计 15 000 元。

（2）“应付账款”总账账户为贷方余额 10 000 元，其所属明细账户余额为：

①“A 工厂”明细账户，贷方余额 6 000 元；

②“B 工厂”明细账户，贷方余额 4 000 元。

【例 3-10】2019 年 1 月，企业发生的有关交易或事项及其会计处理如下：

（1）1 月 9 日，向 A 工厂购入甲材料 500 千克，单价 10 元，计 5 000 元；向 B 工厂购入乙材料 100 吨，单价 300 元，计 30 000 元，甲、乙材料已验收入库，货款均尚未支付。

对发生的该交易或事项，企业应编制会计分录如下：

借：原材料——甲材料　　5 000
　　　　　——乙材料　　30 000
　贷：应付账款——A 工厂　　5 000
　　　　　　　——B 工厂　　30 000

（2）1 月 12 日，向 A 工厂购入甲材料 400 千克，单价 10 元，计 4 000 元；乙材料 50 吨，单价 300 元，计 15 000 元，材料均已验收入库，货款尚未支付。

对发生的该交易或事项，企业应编制会计分录如下：

借：原材料——甲材料　　4 000
　　　　　——乙材料　　15 000
　贷：应付账款——A 工厂　　19 000

（3）1 月 20 日，以银行存款偿付前欠 A 工厂的货款 20 000 元，B 工厂货款 30 000 元。

对发生的该交易或事项，企业应编制会计分录如下：

借：应付账款——A 工厂　　20 000
　　　　　　——B 工厂　　30 000
　贷：银行存款　　50 000

（4）1 月 26 日，生产车间为生产产品从仓库领用甲材料 1 000 千克，金额为 10 000 元；领用乙材料 100 吨，金额为 30 000 元。

对发生的该交易或事项，企业应编制会计分录如下：

借：生产成本　　40 000
　贷：原材料——甲材料　　10 000
　　　　　　——乙材料　　30 000

根据平行登记的要求，将上述交易或事项在“原材料”和“应付账款”总账账户及其所属的明细账户中进行登记。平行登记结果如表 3-26 至表 3-31 所示。

表 3-26　　总账账户

账户名称：原材料　　单位：元

2019 年		凭证	摘　要	借　方	贷　方	借或贷	余　额
月	日	号数					
1	1		期初余额			借	35 000
1	9	（1）	购入材料	35 000		借	70 000
1	12	（2）	购入材料	19 000		借	89 000
1	26	（4）	领用材料		40 000	借	49 000
			本期发生额及余额	54 000	40 000	借	49 000

表 3-27　　总账账户

账户名称：应付账款　　单位：元

2019 年		凭证	摘　要	借　方	贷　方	借或贷	余　额
月	日	号数					
1	1		期初余额			贷	10 000
1	9	（1）	购料欠款		35 000	贷	45 000
1	12	（2）	购料欠款		19 000	贷	64 000
1	20	（3）	偿还欠款	50 000		贷	14 000
			本期发生额及余额	50 000	54 000	贷	14 000

表 3-28　　原材料明细分类账

明细账户：甲材料

2019 年		凭证	摘　要	收　入			发　出			结　存		
月	日	号数		数量（千克）	单价（元）	金额（元）	数量（千克）	单价（元）	金额（元）	数量（千克）	单价（元）	金额（元）
1	1		期初余额							2 000	10	20 000
1	9	（1）	购入材料	500	10	5 000				2 500	10	25 000
1	12	（2）	购入材料	400	10	4 000				2 900	10	29 000
1	26	（4）	生产领料				1 000	10	10 000	1 900	10	19 000
			本月发生额及余额	900		9 000	1 000		10 000	1 900	10	19 000

表 3-29　原材料明细分类账

明细账户：乙材料　计量单位：吨　金额单位：元

2019 年		凭证	摘　要	收　入			发　出			结　存		
月	日	号数		数量	单价	金额	数量	单价	金额	数量	单价	金额
1	1		期初结存							50	300	15 000
1	9	（1）	购入材料	100	300	30 000				150	300	45 000
1	12	（2）	购入材料	50	300	15 000				200	300	60 000
1	26	（4）	生产领料				100	300	30 000	100	300	30 000
			本月合计	150		45 000	100		30 000	100	300	30 000

表 3-30　应付账款明细账

明细账户：A 工厂　单位：元

2019 年		凭证	摘　要	借　方	贷　方	借或贷	余　额
月	日	号数					
1	1		期初余额			贷	6 000
1	9	（1）	购料欠款		5 000	贷	11 000
1	12	（2）	购料欠款		19 000	贷	30 000
1	20	（3）	偿还欠款	20 000		贷	10 000
			本期发生额及余额	20 000	24 000	贷	10 000

表 3-31　应付账款明细账

明细账户：B 工厂　单位：元

2019 年		凭证	摘　要	借　方	贷　方	借或贷	余　额
月	日	号数					
1	1		期初余额			贷	4 000
1	9	（1）	购料欠款		30 000	贷	34 000
1	20	（3）	偿还欠款	30 000		贷	4 000
			本期发生额及余额	30 000	30 000	贷	4 000

从上述平行登记的结果可以看出，“原材料”和“应付账款”总分类账户的期初、期末余额及本期借方、贷方发生额，与其所属明细分类账户的期初、期末余额之和及本期借方、贷方发生额之和都是相等的。利用这种相等的关系，可以核对总分类账和明细分类账的登

记是否正确。如有不等，则表明记账出现差错，就应该检查，予以更正。核对的方法是将各明细账户的本期发生额及余额相加，与总分类账户直接核对，也可以编制本期发生额及余额明细表与总分类账户核对。根据本例，编制“原材料”和“应付账款”的本期发生额及余额明细表如表 3–32、表 3–33 所示。

表 3–32　　原材料本期发生额及余额明细表

单位：元

明细账户	计量单位	单价	期初余额		本期发生额				期末余额	
			数量	金额	收入（借方）		发出（贷方）		数量	金额
					数量	金额	数量	金额		
甲材料	千克	10	2 000	20 000	900	9 000	1 000	10 000	1 900	19 000
乙材料	吨	300	50	15 000	150	45 000	100	30 000	100	30 000
合计				35 000		54 000		40 000		49 000

表 3–33　　应付账款本期发生额及余额明细表

单位：元

明细账户	期初余额	本期发生额		期末余额
		借　方	贷　方	
A 工厂	6 000	20 000	24 000	10 000
B 工厂	4 000	30 000	30 000	4 000
合计	10 000	50 000	54 000	14 000

总分类账户与其所属明细分类账户之间平行登记的结果是：总分类账户与其所属明细分类账户之间必然形成相互核对的关系。可用公式表示如下：

总分类账户期初借（或贷）方余额 = 所属明细分类账户期初借（或贷）方余额之和

总分类账户本期借（或贷）方发生额 = 所属明细分类账户本期借（或贷）方发生额之和

总分类账户期末借（或贷）方余额 = 所属明细分类账户期末借（或贷）方余额之和

德育小课堂——课堂讨论

在总账和明细账登记之后，要进行“对账”，你在平行登记的时候有没有感受到会计人员的工作要谨慎、严谨、细致呢？

项目小结

通过对本项目的学习，晓芊知悉了会计科目和账户的概念及其区别与联系，学会了如何使用企业常用的会计科目，掌握了借贷记账法的特点及其账户结构，能够运用借贷记账法熟练编制会计分录，学会了账户平行登记的方法等。

项目四　掌握会计凭证

项目目标

1. 了解会计凭证的概念。
2. 能说出会计凭证的种类。
3. 能熟练地填制和审核会计凭证。
4. 了解会计凭证的传递和保管方法。

项目导入

会计课代表晓苹接到王老师布置的任务，周末回家按照会计要素给自家超市的资产分类命名，并且要弄清哪些资产是自家的、哪些资产是借来的、哪些是租来的、有什么凭证等。晓苹到自家超市后，看到超市里除了各种各样商品外，还有货架、冰箱、收银台、POS 机和各种发票、收据等，根本就分不清资产类别，也分不清凭证的种类和用途，只好找到会计赵丽问个不停。

任务一　初识会计凭证

一、认识会计凭证

会计凭证是记录经济业务事项的发生或完成情况、明确经济责任并作为登记账簿依据的书面证明。因此，企事业、行政单位发生的每一项经济业务，如购买办公用品，可以要求商店开具发票，上面载明单位的名称，以及单位购买的办公用品名称、数量、金额等，这张发票就是购买办公用品的凭证，也就是会计凭证。又如员工离开公司到另一个城市去出差，去的时候要购买火车票或机票，到达目的地时在宾馆住宿结账离开时，宾馆会开一张住宿发票等，这些车票、机票、住宿发票就是员工出差公干的证明，都属于会计凭证。

二、了解会计凭证的意义

会计凭证的填制和审核是会计核算工作的初始阶段和基本环节，它对于客观真实地反映经济业务的内容，监督经济业务的合理合法性，保证会计信息质量的真实性、可靠性和合理性，发挥会计在企事业单位经济管理中的作用，具有十分重要的现实意义。

三、剖析会计凭证的种类

由于单位经济业务活动的复杂性，经济业务涉及的会计凭证多种多样，为了解不同会计凭证的用途及填制的先后程序等，将会计凭证划分为两大类：原始凭证和记账凭证。

任务二　认识原始凭证

一、认识原始凭证

原始凭证，又称原始单据，是企业、事业行政单位在经济业务发生或完成时取得或填制的，用来证明经济业务发生或完成情况、明确经济责任的书面证明。原始凭证是单位进行会计核算的原始资料和唯一依据，一般具有法律效力。按照会计核算必须符合真实性的要求，单位发生的日常经济业务，都必须取得或填制原始凭证。

原始凭证可以按以下标准进行分类。

（一）按原始凭证来源不同分类

原始凭证按来源渠道不同，可以分为外来原始凭证和自制原始凭证。

1. 外来原始凭证

外来原始凭证是指在同外单位或个人发生经济业务往来过程中，当经济业务发生或完成时，从外单位或个人手中取得的原始凭证。如普通购物发票、增值税专用发票、车船票、收款收据、汇票、银行结算单据等，如图 4-1 和图 4-2 所示。

2. 自制原始凭证

自制原始凭证是由本单位业务经办部门和人员，在经济业务发生或完成时自行填制的原始凭证。如发工资津贴时自制的工资结算单、仓库收料发料时填制的收料单和发料（领料）单、产品入库时的产成品入库单、职工出差时填制的借款单、返回时填制的差旅费报销单、申请转账时填制的转账申请单等。

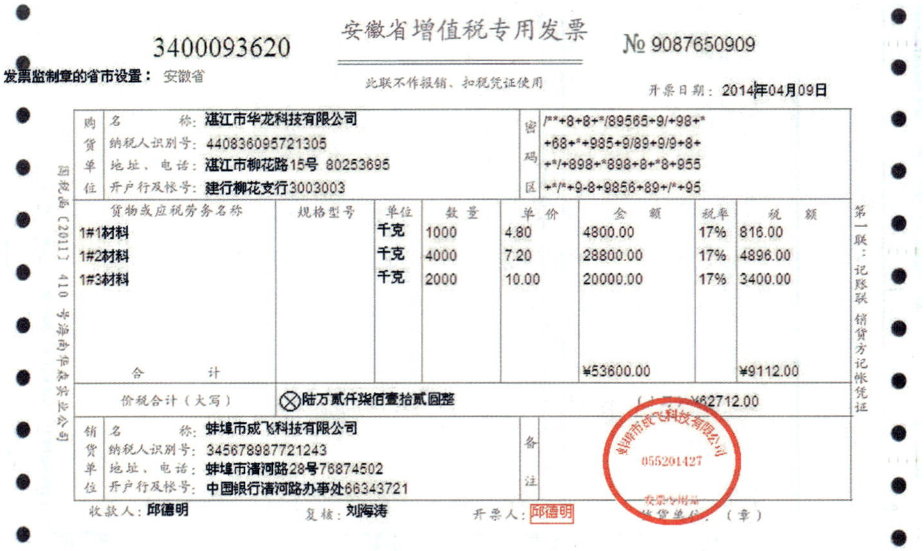

安徽省增值税专用发票

3400093620　　№ 9087650909

发票监制章的省市设置：安徽省

此联不作报销、扣税凭证使用

开票日期：2014年04月09日

购货单位	名称：湛江市华龙科技有限公司 纳税人识别号：440836095721305 地址、电话：湛江市柳花路15号 80253695 开户行及帐号：建行柳花支行3003003	密码区	/**+8+8+*/89565+9/+98+* +68+*+985+9/89+9/9+8+ +*/+898+*898+8+*8+955 +*/*+9-8+9856+89+/*+95

货物或应税劳务名称	规格型号	单位	数量	单价	金额	税率	税额
1#1材料		千克	1000	4.80	4800.00	17%	816.00
1#2材料		千克	4000	7.20	28800.00	17%	4896.00
1#3材料		千克	2000	10.00	20000.00	17%	3400.00
合计					¥53600.00		¥9112.00
价税合计（大写）	⊗陆万贰仟柒佰壹拾贰圆整				（小写）¥62712.00		

销货单位	名称：蚌埠市成飞科技有限公司 纳税人识别号：345678987721243 地址、电话：蚌埠市清河路28号76874502 开户行及帐号：中国银行清河路办事处66343721	备注	蚌埠市成飞科技有限公司 055201427 发票专用章

收款人：邱德明　　复核：刘海涛　　开票人：邱德明　　销货单位：（章）

国税函〔2011〕410号海南华森实业公司

第一联：记账联 销货方记帐凭证

图 4-1　增值税专用发票

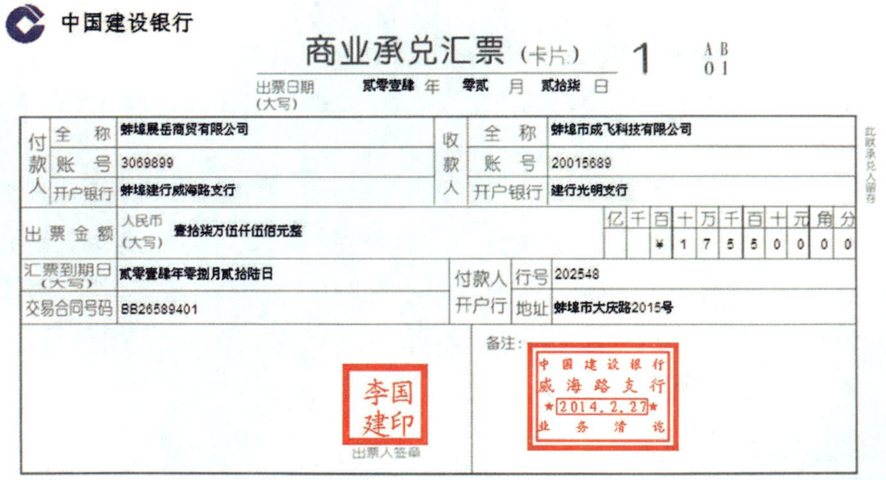

中国建设银行

商业承兑汇票（卡片）　1　AB 01

出票日期（大写）　贰零壹肆 年 零贰 月 贰拾柒 日

付款人	全称	蚌埠展岳商贸有限公司	收款人	全称	蚌埠市成飞科技有限公司
	账号	3069899		账号	20015689
	开户银行	蚌埠建行威海路支行		开户银行	建行光明支行

出票金额	人民币（大写）壹拾柒万伍仟伍佰元整	亿	千	百	十	万	千	百	十	元	角	分
				¥	1	7	5	5	0	0	0	0

汇票到期日（大写）	贰零壹肆年零捌月贰拾陆日	付款人开户行	行号	202548
交易合同号码	BB26589401		地址	蚌埠市大庆路2015号

李国建印　出票人签章

备注：中国建设银行威海路支行 2014.2.27 业务清讫

此联承兑人留存

图 4-2　商业汇票

（二）按原始凭证填制的手续和方法不同分类

原始凭证按填制手续和方法的不同进行分类，可以分为一次凭证、累计凭证和汇总凭证三种。

1. 一次凭证

一次凭证是指一次只记录一笔经济业务或同时记录若干笔同类性质的经济业务的原始凭证。如各种材料的入库单、领料单、产品入库单、借款单、发票等。此类凭证在填制时，一次性就完成了各种手续，如图 4-3 和图 4-4 所示。

材料验收入库单

供应人:蚌埠市红光有限公司　　2014 年　2 月　20 日　　凭证编号: 51210215　仓库编号: 090201

增值税	发票号 0987657777		验收日期 2014 年 2 月 20 日		存放地点			附件份数		份
材料编号	材料名称	规格	型号	单位	数量		计划单价		实际单价	
					凭证	实收	单价	总价	单价	总价
	A材料			千克	500	490				
	B材料			千克	200	200				
差异 10千克		备注	非正常损耗							

财务处长 王明　供应科长　仓库主管　验收保管 刘信　检验　采购经办 李向阳

第三联 财务科核算

图 4-3　材料验收入库单

领　料　单

领用部门:组装车间　　2014 年　7 月　2 日　　材料类别: 原材料　领用单: 20111202004

产品名称及用途	老井52度白酒		工程编号			
材料名称	规格	单位	数量		单价 实际☑ 计划☐	总价
			请领	实发		
天然香精		公斤	600	600		

发料部门	审核员	发料员	领用部门	主管	领料	备注	月底加权平均计算
	杨建明	江军		马名山	陈东明		

第三联 交财务部门

图 4-4　领料单

2. 累计凭证

累计凭证是指在一定时期内连续记录若干项同类性质的经济业务的原始凭证。累计凭证是从一次原始凭证发展而来的，可以多次有效使用，陆续完成填制手续，到期满后结出累计总额，再以此作为会计核算的原始依据。如自制原始凭证中的限额领料单，通过限定材料使用部门某一特定时期（一周或一月）领用材料的最高限额，既可以促使该部门节约使用，避免浪费，又便于会计部门在期末根据领用总额合并累计处理，减少原始凭证的数量，简化会计核算工作，如图 4-5 所示。

3. 汇总凭证

汇总凭证又称原始凭证汇总表，它是指将一定时期内反映经济业务内容相同的若干张原始凭证汇总成一张原始凭证。如可以将一定时期的领料单汇总后编制成发出材料汇总表、一定时期的收料单汇总成收料汇总表、工资结算汇总表、制造费用汇总表等，如图 4-6 至图 4-8 所示。

限额领料单

领料部门：　　　　　　　　　　　　　　　　　　　　　　　　　　　　第　　号：

用　　途：　　　　　　　　　　　　　　年　　月　　日　　　　　　　　发料仓库：

<table>
<tr><td rowspan="3">材料编号</td><td rowspan="3">材料名称
规　格</td><td rowspan="3">计量单位</td><td rowspan="3">计划投产量</td><td rowspan="3">单位消耗定额</td><td rowspan="3">领用限额</td><td rowspan="3">数量</td><td colspan="18">实　发</td></tr>
<tr><td colspan="9">单　价</td><td colspan="9">金　额</td></tr>
<tr><td>百</td><td>十</td><td>万</td><td>千</td><td>百</td><td>十</td><td>元</td><td>角</td><td>分</td><td>百</td><td>十</td><td>万</td><td>千</td><td>百</td><td>十</td><td>元</td><td>角</td><td>分</td></tr>
<tr><td></td><td></td><td></td><td></td><td></td><td></td><td></td><td></td><td></td><td></td><td></td><td></td><td></td><td></td><td></td><td></td><td></td><td></td><td></td><td></td><td></td><td></td><td></td><td></td><td></td></tr>
<tr><td></td><td></td><td></td><td></td><td></td><td></td><td></td><td colspan="9"></td><td colspan="9"></td></tr>
</table>

<table>
<tr><td rowspan="2">日　期</td><td colspan="3">领　用</td><td colspan="3">退　料</td><td rowspan="2">限额结余数量</td></tr>
<tr><td>数量</td><td>领料人</td><td>发料人</td><td>数量</td><td>退料人</td><td>收料人</td></tr>
<tr><td></td><td></td><td></td><td></td><td></td><td></td><td></td><td></td></tr>
<tr><td></td><td></td><td></td><td></td><td></td><td></td><td></td><td></td></tr>
<tr><td></td><td></td><td></td><td></td><td></td><td></td><td></td><td></td></tr>
</table>

生产计划部门：　　　　　　　　　　　　　　供销部门：　　　　　　　　　　　　仓库：

图 4–5　限额领料单

发出材料汇总表

2014　年　5　月

用途	渗碳钢（吨）			调质钢（吨）			耐磨润滑油（升）			合计
	数量	单价	金额	数量	单价	金额	数量	单价	金额	
变速箱锥齿轮	12	1200	14400	10	1000	10000	6	1500	9000	33400
传动齿轮	2	1200	2400	15	1000	15000	7	1500	10500	27900
车间一般耗用	1	1200	1200	0	0	0	0.5	1500	750	1950
合计	15	1200	18000	25	1000	25000	13.5	1500	20250	63250

复核：　李勇　　　　　审核：王光辉　　　制单：刘辛利

图 4–6　发出材料汇总表

工资结算汇总表

编制单位：厂办　　　　　　　　　　　　　年　　月　　日　　　　　　　　　　　　单位：元

车间\部门	基本工资	计时工资	计件工资	奖金		工资性津贴	加班工资		应付工资	应扣款项			代扣款项					实发工资
				全勤奖	节约奖		延长工作加班	休息日加班		请假	罚款	其他	养老保险	失业保险	医疗保险	住房公积金	个人所得税	
罐装车间																		
制氧车间																		
焊接车间																		
财务科																		
人士部																		
销售部																		

制表：　　　　　　　　审核：　　　　　　　　复核：

图 4–7　工资结算汇总表

车间产量汇总表

编制单位：　　　　　　　　　　　　年　　　月

项目		产品	产品
月初在产品			
本月投入			
本月完工			
月末在产品			
月末在产品完工程度	直接材料		
	直接动力		
	直接人工		
	制造费用		

复核：　　　　　　　　　制单：

图 4–8　车间产量汇总表

二、了解原始凭证的基本内容

由于企事业单位经济业务的多样性和复杂性，记录经济业务的原始凭证同样品种繁多，格式各异。但是，任何一张原始凭证都必须同时具备以下一些基本内容或基本要素。

（1）原始凭证的名称和编号，如领料单、发票等。

（2）填制原始凭证的日期，如 2019 年 2 月 14 日、2019 年 7 月 7 日。

（3）接受原始凭证单位的名称（又称抬头），如中粮生物化学股份有限公司、安徽科技贸易学校等。

（4）经济业务的内容。

（5）经济业务所涉及的数量、单价和金额。

（6）填制单位名称或填制人员姓名。

（7）经办部门或责任人员的签名或盖章。

三、掌握原始凭证的填制

原始凭证是用来证明经济业务发生或完成情况、明确经济责任的书面证明，是编制记账凭证、登记账簿的原始依据，是单位进行会计核算的原始资料和唯一依据。原始凭证的填制的正确与否，关系到全部会计核算的信息质量。真实、准确、及时、完整地填制原始凭证意义重大，因此，在填制原始凭证时必须符合下列要求。

扫描二维码
观看微课

（一）真实可靠

原始凭证中填制的项目内容必须与实际发生的经济业务完全相符，不允许以任何手段弄虚作假，伪造、变造原始凭证。日期、数量、单价、金额等必须真实可靠，不能估计数字，更不能造假填入。

（二）内容完整

原始凭证的基本项目内容必须按照规定的原始凭证基本要素填写齐全，不得遗漏或简略，有关经办人员和责任人员都要认真审核并签章，做到责任明确，各负其责。

（三）填制及时

原始凭证应在经济业务发生或完成时，立即填制或及时取得，并按规定的程序和手续传递至有关业务部门或会计部门进行审核，以便据以填制记账凭证。

（四）书写规范清晰

原始凭证要求使用蓝、黑墨水笔或特殊书写笔书写，要求字迹清楚，工整规范，易于辨认。原始凭证上的文字说明要简明扼要，业务数字要真实可靠并按规定填写清楚，易于辨认。

【例 4-1】2014 年 6 月 12 日，合肥光华制造有限公司财务部提现 257 735.00 元备发工资，填写现金支票一张，见图 4-9。

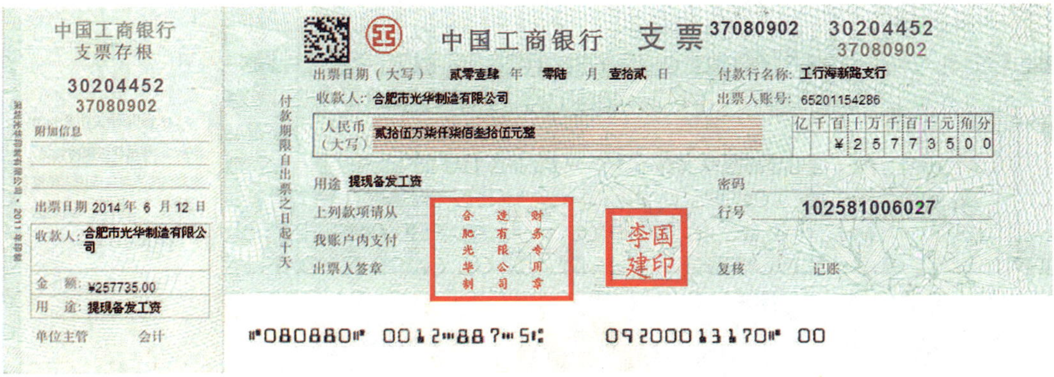
中国工商银行
支票存根
30204452
37080902
附加信息
出票日期 2014 年 6 月 12 日
收款人：合肥市光华制造有限公司
金 额：¥257735.00
用 途：提现备发工资
单位主管 会计

付款期限自出票之日起十天
中国工商银行 支票 37080902 30204452 37080902
出票日期（大写） 贰零壹肆 年 零陆 月 壹拾贰 日 付款行名称：工行海新路支行
收款人：合肥市光华制造有限公司 出票人账号：65201154286
人民币（大写） 贰拾伍万柒仟柒佰叁拾伍元整 亿千百十万千百十元角分 ¥ 2 5 7 7 3 5 0 0
用途 提现备发工资 密码
上列款项请从我账户内支付 行号 102581006027
出票人签章 合肥光华制造有限公司财务专用章 李国建印 复核 记账

图 4-9 现金支票

从图 4-9 可以看出，支票的填制要求是：

（1）书写必用黑色钢笔，文字涂改无效。

（2）出票日期必须大写，年份按数字填写。月份 1～9 月前加零，如 8 月写为：零捌。10～12 月前加壹，如 11 月写为：壹拾壹。日期写法为：1～9 日前加零，如：5 日，写为：零伍，10～19 日前加壹，如：13 日写为：壹拾叁，20～29 日前加 2，如：24 日写为：贰拾肆，30～31 日前加叁，如 30 日写为：叁拾。

（3）付款行名称按实填写付款人开户行名称，出票人账号是本单位在开户行的账号。

（4）收款人要填写收款人的全称。

（5）人民币（大写）要顶格按实填写，小写前必须加“¥”符号。

（6）用途要按实填写。

（7）出票人单位法人章、银行预留财务专用章要按上图位置盖好。

（8）支票头（根）日期要小写，收款人、金额、用途按实填写即可。

扫描二维码
观看微课

小提示

1. 金额大写的书写要求

大写金额数字一律用壹、贰、叁、肆、伍、陆、柒、捌、玖、拾、佰、仟、万、亿、圆（元）、角、分、零等。大写金额写到元或角为止的，在元或角后写上“整”或“正”字。大写金额有分的，分字后面不用写“整”字。大写金额数字前未印有货币名称的，应当加填货币名称（如“人民币”三字）。货币名称与金额数字之间不得留有空白，例如：¥1 659.90，大写金额应为人民币壹仟陆佰伍拾玖元玖角整。阿拉伯数字中间有“0”的，大写金额要写“零”，中间连续有几个“0”的，大写金额可以只写一个“零”。

2. 小写金额的书写要求

小写金额应当用阿拉伯数字逐个书写，不得连笔书写；所有以元为单位的阿拉伯数字，除表示单价等情况外，一律在元位小数点后填写到角分，无角分的，分位可写“00”或符号“—”，有角无分的，分位应写“0”，不得用符号“—”代替。小写金额前应当书写货币币种符号或者货币名称简写，币种符号与阿拉伯数字之间不得留有空白，如¥2 100.00。

知识拓展

《中华人民共和国票据法》第八十七条规定，出票人签发的支票金额超过其付款时在付款人处实有的存款金额的为空头支票，禁止签发空头支票；第八十八条规定，支票的出票人不得签发与其预留本名的签名式样或印鉴不符的支票。

《票据管理实施办法》第三十一条规定，签发空头支票或签发与其预留的签章不符的支票，不以骗取财物为目的的，由中国人民银行处以票面金额5%但不低于1 000元的罚款。

四、审核原始凭证

为确保会计凭证的记录真实可靠，会计人员必须对经济业务发生时填制或取得的原始凭证严格进行审核。《会计法》规定：会计机构、会计人员对不真实、不合法的原始凭证，有权不予受理，并向单位负责人报告，请求查明原因，追究有关当事人的责任，对记载不准确、不完整的原始凭证予以退回，并要求经办人按国家统一规定进行更正、补充。原始凭证的审核有以下四个方面的内容。

（一）审核原始凭证的合法性

会计人员应审核原始凭证是否符合国家的有关方针政策、法规、制度和计划的规定，是否符合审批权限和手续，是否符合预算并以合同为依据，是否违反财经纪律和制度，是否违反费用开支标准，有无贪污浪费、侵占国家财产、伪造凭证等违纪行为。

（二）审核原始凭证的真实性

会计人员应审核经济发生的时间、地点和填制凭证的日期是否真实可靠，应审核经济业务双方单位和经办人员是否真实可靠，应审核原始凭证所记载的内容是否确有其事，是否反映了经济业务的本来面目，有无漏记和隐瞒现象。

（三）审核原始凭证的完整性

会计人员应审核原始凭证上所记录的各项内容是否全面完整，有无遗漏，原始凭证上的各基本要素是否填写齐全、完整有效，凭证联次是否正确等。

（四）审核原始凭证的正确性

会计人员应审核原始凭证的填制内容是否符合手续，各项业务内容如数量、金额、单价、合计等是否计算正确，阿拉伯数字分位填写，不得连写；小写金额前要注明“¥”字样，中间不能留有空位；大写金额前要加“人民币”字样，大写金额与小写金额要相符等，对于凭证有填写不清楚或有错误的原始凭证，应立即退给原经办人员更正后才能受理。

德育小课堂——延伸阅读

怎样提防原始凭证造假

原始凭证审核是指对接受的外来凭证或企业自制的原始凭证的真实性、完整性、合法性和合理性的审查。如对发票审查而言，一般涉及发票印制环节、发票领购环节、发票使用、填开环节、发票保管环节、发票缴（注）销环节的审查。在审查时要注意原始凭证的造假，原始凭证常见的造假形式主要有以下四种。

一、伪造、篡改、不如实填写原始凭证

伪造、篡改、不如实填写原始凭证是指行为人使用涂改等手法更改会计凭证的日期、摘要、数量、单价、金额等，或者采用伪造印鉴、冒充签名、涂改内容等手法来制造证明经济业务的原始凭证。

二、白条顶库

白条是指行为人开具或索取不符合正规凭证要求的发货票和收付款项证据以逃避监督或偷漏税款的一种舞弊手段，主要手法有：以个人或企业的名义，在白纸上书写证明收支款项或领发货物的字样，打白条作为发票来充当原始凭证；以收据代替发票，这种手法经常用来偷逃税款，一些私营企业当面对消费者为个人时，只开具收据来证明此项经济业务的发生，而不开发票，以避免税务机关的检查而偷逃税款；不按发票规定用途使用发票；不按发票规定要求开具发票，如不加盖财务专用章、有关人员不签字等。

三、取得虚假发票

虚假发票包括两种情况：一种是发票本身是假的；另一种情况就是发票所记载的内容

是虚假的。虽然国家以法律形式明文规定不得使用假发票，并且要求各单位要重视发票的管理和使用，但仍然有不法分子顶风作案。另外还有单位之间相互开具假发票，甚至有人专门以开具假发票牟利。

四、自制假单据、虚开发票

虚开发票是指行为人在开具发票时，除在金额上采用阴阳术外，还开列虚假品名、价格、数量、日期等，以蒙混过关，便于报销。

在审核原始凭证环节，经手会计人员必须把好审核关，严格执行会计监督的职能。

任务三　掌握记账凭证

一、认识记账凭证

记账凭证是财务部门根据审核无误的原始凭证或原始凭证汇总表填制的，记载经济业务简要内容，确定会计分录，并据以登记账簿的会计凭证。

二、了解记账凭证的种类

记账凭证按填制的方法不同，可分为复式记账凭证和单式记账凭证。复式记账凭证是指在一张记账凭证上只记载一项会计事项涉及的全部会计科目。也就是说一笔会计事项不论涉及几个会计科目都填在一张记账凭证上。复式记账凭证按用途不同分类，可分为专用记账凭证和通用记账凭证两种。

1. 专用记账凭证

专用记账凭证是指为记录专门类别的会计事项而设计的记账凭证，分为收款凭证、付款凭证和转账凭证。

（1）收款凭证。收款凭证是用于反映库存现金和银行存款收款业务的记账凭证，它又可分为库存现金收款凭证和银行存款收款凭证。收款凭证是根据记录库存现金的原始凭证填制的，收款凭证的一般格式如图 4-10 所示。

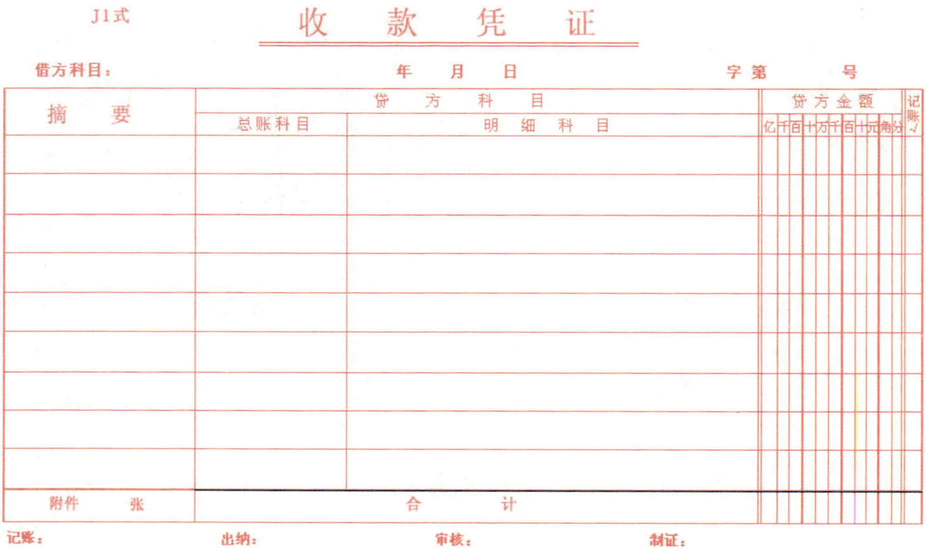

J1式

收　款　凭　证

借方科目：　　　　年　月　日　　　　字第　　号

摘　要	贷方科目		贷方金额	记账√
	总账科目	明细科目	亿千百十万千百十元角分	
附件　张	合　计			

记账：　出纳：　审核：　制证：

图 4-10　收款凭证

（2）付款凭证。付款凭证是用于反映库存现金和银行存款付款业务的记账凭证，它又可分为库存现金付款凭证和银行存款付款凭证。付款凭证是根据记录库存现金原始凭证填制的，付款凭证的一般格式如图 4-11 所示。

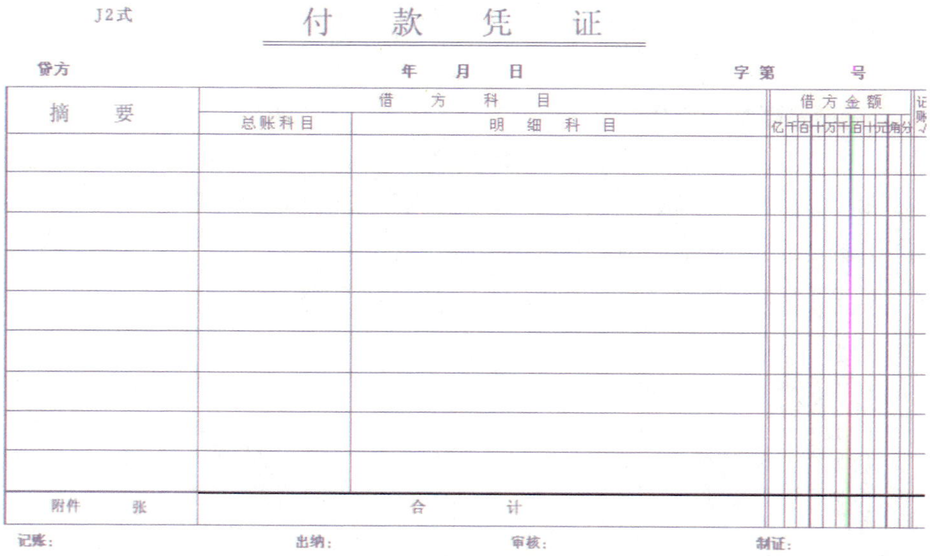

J2式

付　款　凭　证

贷方　　　　年　月　日　　　　字第　　号

摘　要	借方科目		借方金额	记账√
	总账科目	明细科目	亿千百十万千百十元角分	
附件　张	合　计			

记账：　出纳：　审核：　制证：

图 4-11　付款凭证

（3）转账凭证。转账凭证是用于反映不涉及资金收付的转账业务的记账凭证。转账凭证是根据转账业务的原始凭证填制的。转账凭证的一般格式如图 4-12 所示。

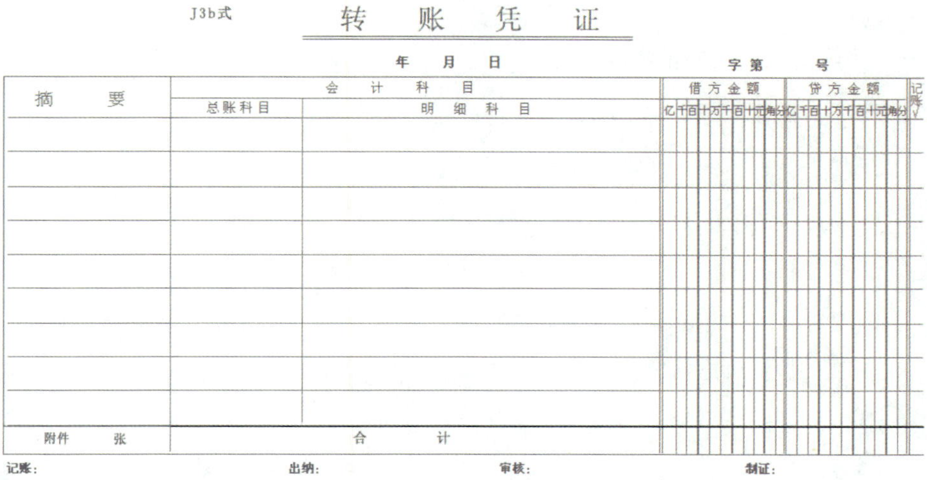

图 4-12 转账凭证

在采用专用记账凭证的情况下，对于库存现金与银行存款之间相互划转的会计事项，如向银行提取现金，或将现金送存银行时，一般只填一张付款凭证。向银行提取现金，填制“银行存款付款凭证”。现金送存银行，填制“库存现金付款凭证”。

2. 通用记账凭证

通用记账凭证是指可记录不同性质的会计事项的记账凭证。通用记账凭证的一般格式如图 4-13 所示。

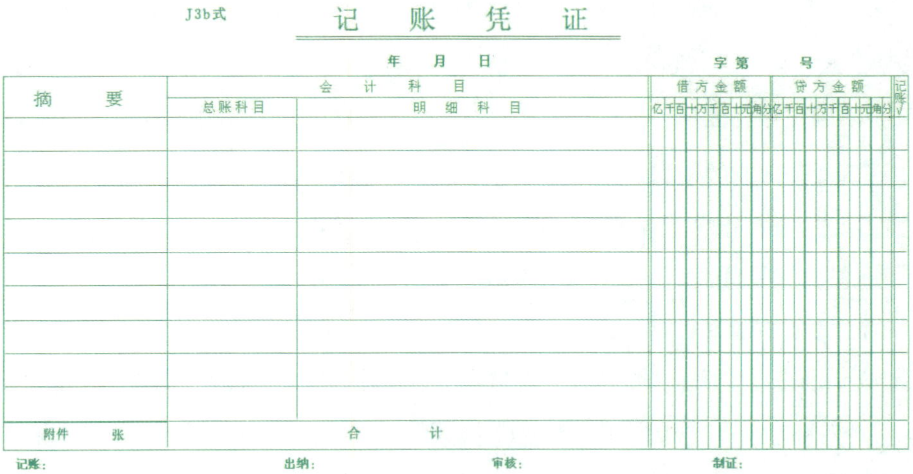

图 4-13 记账凭证

三、填制记账凭证

填制记账凭证是一项重要的会计工作，如果填制出现错误，不仅要影响到账簿记录，而且还会影响到费用汇集、成本计算和编制会计报表等一系列工作。记账凭证的填制方法和要求如下。

（一）了解记账凭证的基本内容

记账凭证必须具备以下基本内容。

（1）记账凭证的名称：通常有收款凭证、付款凭证、转账凭证，通用记账凭证。

（2）填制记账凭证的日期：记账凭证在哪一天编写，就写上哪一天。记账凭证的日期与原始凭证的日期可能相同，也可能不同。记账凭证应及时编制，但一般稍晚于原始凭证。

（3）记账凭证的编号：记账凭证要根据经济业务发生的先后按月顺序统一编号，按编号顺序记账。企业既可以按收款、付款、转账三类业务分收、付、转三类编号，也可细分为现收、现付、银收、银付、转账五类编号。

（4）经济业务的内容摘要，即以最简洁的语言清晰地揭示经济业务的内容，对其进行概括表述。

（5）经济业务要素所涉及的会计科目（包括一级科目、二级科目和明细科目）的名称、记账方向、金额。

（6）经济业务所涉及的入账金额。

（7）记账标记：在记账后，作“√”符号或填写记入账簿的页数。

（8）记账凭证后所附原始凭证的张数：原始凭证是编制记账凭证的依据，应附在记账凭证的后面，写明张数。

（9）会计主管、记账、审核、制单等有关责任人员签章：如为收款或付款的记账凭证还应由出纳人员签名或盖章等。

（二）填制记账凭证

1. 记账凭证填制的依据

记账凭证应根据审核无误的原始凭证填制，既可以根据每一张原始凭证填制，也可以根据若干张同类原始凭证填制，还可以根据原始凭证汇总表填制。

2. 记账凭证的选用

会计人员要根据经济业务的性质，在取得经过审核的原始凭证后，确定选择使用何种记账凭证。如收款凭证、付款凭证或转账凭证，经济业务量较少的单位可以使用通用记账凭证。

3. 记账凭证日期的填写

日期应根据以下三种情况填写：（1）制证当天的日期；（2）业务发生的日期；（3）月末日期。

4. 记账凭证编号的填写

记账凭证要根据经济业务发生的先后统一按月顺序连续编号，按编号顺序记账。企业既可以按收款、付款、转账三类业务分收、付、转三类编号，如：收字第 × 号、付字第

× 号、转字第 × 号；也可细分为现收、现付、银收、银付、转账五类编号。通用记账凭证可以按照顺序，从 01 开始按顺序编号。如果一笔经济业务使用两张或两张以上凭证时，可另编分号。如第 021 号记账凭证涉及 5 张记账凭证，则第一张为：021 $\frac{1}{5}$。

5. 记账凭证摘要填写

摘要应与原始凭证内容一致，能正确反映经济业务的主要内容，表述精练。如到银行提取现金 2 000 元备用。可简单写为：提现备用。这样可以使其他人在阅读时很容易了解该项经济业务的性质特征并借以判断凭证的正确性。

6. 会计科目的填写

会计科目的填写应根据会计事项的内容，按企业会计制度统一填写，既要写一级科目，也要写清明细科目。不得任意简化或编造科目；不得只写科目编号不写科目名称。实行会计电算化的单位，其纸质记账凭证应当符合对记账凭证的一般要求，做到会计科目使用正确，数字准确无误。打印出来的纸质记账凭证上，要加盖制单人员、审核人员、记账人员和会计主管人员印章或者签字，以明确责任。

7. 金额的填写

记账凭证的金额必须与原始凭证的金额相符，填写时应按行顺序填写，不能跳行，记账凭证编制完经济业务事项后，如有空行，应当在金额栏自最后一笔金额数字下空行处至合计数上的空行处划斜线注销，合计金额前应填写货币符号，如“¥”字样。

8. 附件张数的计算与填写

记账凭证附件张数一般是按所附原始凭证的实际张数计算填列。当一张或几张原始凭证同时涉及几张记账凭证时，可将其附在一张主要的记账凭证后，在摘要栏注明“本凭证附件包括 × × 号记账凭证业务”字样，然后在其他记账凭证上注明“原始凭证附在 × × 号记账凭证后”字样。

9. 记账凭证的签章

记账凭证完成后应由制单、会计主管、记账、审核等有关责任人员签名或盖章。

（三）学会记账凭证填制的方法

1. 收款凭证的填制

收款凭证是根据有关反映银行存款和库存现金收款业务的原始凭证填制的记账凭证。主要应填项目如下。

（1）借方科目：在借贷记账法下，在收款凭证左上方所填列的借方科目，应是“库存现金”或“银行存款”科目。

（2）日期：按经济业务发生的日期填写，也可以按编制记账凭证的当天日期填写。

（3）凭证的字号、编号：如果是现金收款业务，写出“现收”字；如果是银行存款收款业务，写成“银收”字；编号分别按“现收字”类或“银收字”类，从每月初开始进行顺序排序。

（4）摘要：填写经济业务的内容，要求简明扼要。

（5）贷方科目：在凭证内所反映的贷方科目，应填列与借方科目“库存现金”或“银行存款”相对应的科目。

（6）金额：金额栏填列经济业务实际发生的数额。

（7）附件张数：在凭证的右下侧填写所附原始凭证实际张数。

（8）合计栏：收款凭证金额栏最后一行进行贷方金额的合计，合计数前一位数字栏写“¥”，并将凭证的空行划线注销。

（9）记账栏：在凭证的最右边记账栏用“√”表示已经入账（过账完毕）。

（10）签章：在最下面一行有关经手人及责任人员相应处签名或盖章。

收款凭证的填制样式如下例。

【例 4-2】利源洋公司 2013 年 12 月 6 日接银行通知收到业务单位珠州市童星有限公司预付货款 3 000 元。

填制收款凭证一张如图 4-14 所示。

J1式

收　款　凭　证

借方　银行存款　　2013 年 12 月 6 日　　银收 字 第 002 号

摘要	贷方科目		贷方金额（亿千百十万千百十元角分）	记账√
	总账科目	明细科目		
预收货款	预收账款	珠州市童星有限公司	300000	√
附件 1 张	合计		¥300000	

记账：韩亮　　出纳：王新丽　　审核：张明　　制证：刘源

图 4-14　收款凭证

2. 付款凭证的填制

付款凭证是根据有关反映银行存款和库存现金付款业务的原始凭证填制的。主要应填项目如下。

（1）贷方科目：在借贷记账法下，在付款凭证左上方所填列的贷方科目，应是“库存现金”或“银行存款”科目。

（2）日期：按经济业务发生的日期填写，也可以按编制记账凭证的当天日期填写。

（3）凭证的字号、编号：如果是现金付款业务，写出“现付”字；如果是银行存款付款业务，写成“银付”字；编号分别按“现付字”类或“银付字”类，从每月初开始进行顺序排序。

（4）摘要：填写经济业务的内容，要求简明扼要。

（5）借方总账科目：在凭证内所反映的借方科目，应填列与贷方科目“库存现金”或“银行存款”相对应的科目。

（6）金额：金额栏填列经济业务实际发生的数额。

（7）附件张数：在凭证的右下侧填写所附原始凭证实际张数。

（8）合计栏：收款凭证金额栏最后一行进行贷方金额的合计，合计数前一位数字栏写“¥”，并将凭证的空行划线注销。

（9）记账栏：在凭证的最右边记账栏用“√”表示已经入账（过账完毕）。

（10）签章：在最下面一行有关经手人及责任人员相应处签名或盖章。

付款凭证的填制样式如图 4-15 所示。

【例 4-3】利源洋公司 2013 年 12 月 21 日办公室李浩凭票报销购买办公用品费用 20 元。

J2式

付　款　凭　证

贷方　库存现金　　2013 年 12 月 21 日　　银付 字 第 015 号

摘要	借方科目		借方金额（亿千百十万千百十元角分）	记账√
	总账科目	明细科目		
办公室李浩购买笔记本2个	管理费用		2000	√
附件 1 张	合计		¥2000	

记账 韩亮　　出纳 王新丽　　审核 张明　　制证 刘源

图 4-15　付款凭证

3. 转账凭证的填制

转账凭证是根据除库存现金及银行存款收付业务以外的转账类经济业务的原始凭证填制的记账凭证。主要应填项目如下。

（1）总账科目、明细科目：在借贷记账法下，将经济业务所涉及的会计科目名称（总账科目和明细科目）全部填列在凭证内，借方在先，贷方在后。

（2）日期：按经济业务发生的日期填写，也可以按编制记账凭证的当天日期填写。

（3）凭证的字号、编号：按“转字第 × 号”编制，从每月初开始进行顺序排序。

（4）摘要：填写经济业务的内容，要求简明扼要。

（5）金额：将各会计科目（前面对应的总账和明细科目）应借应贷的金额填列在借方金额或贷方金额栏内。

（6）附件张数：在凭证的右下侧填写所附原始凭证实际张数。

（7）合计栏：金额栏最后一行填列借方金额合计和贷方金额合计，借、贷方金额合计数应相等，合计数前一位数字栏写“¥”，并将凭证的空行划线注销，。

（8）记账栏：在凭证的最右边记账栏用“√”表示已经入账（过账完毕）。

（9）签章：在最下面一行有关经手人及责任人员相应处签名或盖章。

付款凭证的填制样式如下例，见图 4-16。

【例 4-4】2013 年 12 月 29 日，计提本月折旧费，其中行政部门分摊 2 000 元，生产车间分摊 4 500 元。

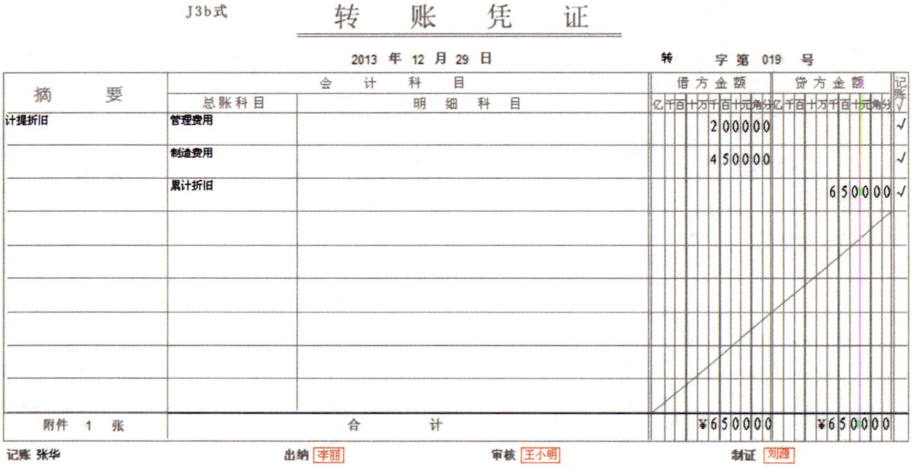
J3b式　转　账　凭　证

2013 年 12 月 29 日　　转 字第 019 号

摘要	会计科目：总账科目	会计科目：明细科目	借方金额	贷方金额	记账
计提折旧	管理费用		200000		√
	制造费用		450000		√
	累计折旧			650000	√
附件 1 张	合计		¥650000	¥650000	

记账 张华　出纳 李丽　审核 王小明　制证 刘源

图 4-16　转账凭证

4. 通用记账凭证的填制

对于在日常经济活动中收付款业务量比较小的单位，一般采用通用记账凭证来替代收、付、转记账凭证。它可以记录不同性质的会计事项的记账凭证。其填制方法与前面所述的转账凭证方法基本相同，通用记账凭证的填制样式如图 4-17 所示。

【例 4-5】2014 年 8 月 24 日，购买材料一批，货未到，款已付。

J3b式

记 账 凭 证

2014 年 8 月 24 日　　　　记 字第 026 号

摘要	会计科目		借方金额	贷方金额	记账
	总账科目	明细科目	亿千百十万千百十元角分	亿千百十万千百十元角分	√
购买材料款已付货未收	在途物资	铁心26mm	34000000		√
	在途物资	铁心60mm	234000000		√
	在途物资	绕组3kw	80000000		√
	应交税费	应交增值税-进项税	59160000		√
	银行存款	工商银行		407160000	√
附件 2 张	合计		¥407160000	¥407160000	

记账 胡同林　　出纳 李翎　　审核 杨家祥　　制证 郑冰

图 4-17 记账凭证

四、审核记账凭证

为了使记账凭证核算的内容符合客观实际，保证账簿记录的质量，在根据记账凭证登记账簿之前，必须对记账凭证进行严格的审核，审核的内容主要包括以下五个方面。

（1）审核记账凭证是否以原始凭证为依据，所附原始凭证的内容与记账凭证的内容是否一致，所附原始凭证的张数与记账凭证上填写的附件张数是否一致，记账凭证汇总表的内容与其所依据的记账凭证内容是否一致。审核时，必须注意：没有附原始凭证的记账凭证无效（特殊情况除外），也不能作为登记账簿的依据。

（2）审核记账凭证中所列各项目的填写是否齐全，如日期、凭证编号、摘要、会计科目、金额、所附原始凭证张数及有关人员签章。

（3）审核记账凭证的会计分录是否正确。其中应借、应贷科目是否正确，是否有明确的账户对应关系，借方金额与贷方金额的计算是否正确，借贷合计是否平衡等，总账科目的金额与所属明细科目的金额之和是否相等，所使用的会计科目是否符合国家统一的会计制度的有关规定等。

（4）审核记账凭证所记录的金额与原始凭证的有关金额是否一致、计算是否正确，记账凭证汇总表的金额与记账凭证的金额合计是否相符。

（5）审核记账凭证中的记录是否文字工整、数字清晰、是否按规定进行更正。记账凭证是否具备了规定的手续，内容是否真实可靠。此外，出纳人员在办理收款或付款业务后，应在凭证上加盖“收讫”或“付讫”的戳记，以避免重收重付。

在审核过程中，如发现已入账的记账凭证有错误要按规定的更正方法进行更正，未入账的记账凭证有错误时可以重新填制，只有经过审核无误的记账凭证才能作为登记账簿的依据。

知识拓展

记账凭证中可能发生的会计造假方式主要有：（1）“假账真做”，指无原始凭证而以行为人的意志凭空填制记账凭证，或在填制记账凭证时，让其金额与原始凭证不符，并将原始凭证与记账凭证不符的凭证混杂于众多凭证之中；（2）“真账假做”，即造假者故意错用会计科目或忽略某些业务中涉及的中间科目，来混淆记账凭证对应关系，打乱查阅人的视线；（3）“障眼法”，就是对记账凭证的摘要栏进行略写或错写，使人看不清经济业务的本来面目。

任务四　知悉凭证传递、装订和保管

一、知悉会计凭证的传递

会计凭证的传递是指会计凭证从经济业务发生或完成时、取得或填制到归档保管过程中，在单位内部有关部门和人员之间的传递程序和传递时间。

由于各单位在取得或填制的会计凭证的程序和方法不一致，而会计凭证所记录经济业务的内容不同，经办业务的部门和人员及办理的时间、手续等也不尽一致，会计凭证的传递程序也会不同，因此各单位应正确组织会计凭证的传递，以加速企业会计业务处理过程，提高会计核算的正确性和及时性，提高会计工作效率。单位在设计会计凭证上应注意以下两个方面。

（一）明确会计凭证的传递程序

由于各单位经济业务的内容不同，各单位的管理制度、管理的要求也不尽相同。在会计凭证的传递过程中各单位应根据自身的工作性质和业务特点，结合内部管理，制定出科学合理的会计凭证传递程序。

（二）制定合理的传递时间和严密的传递手续

会计凭证的传递时间，应考虑各个部门和相关人员的工作内容和工作量在正常情况下完成的时间，明确规定各种凭证在各个环节上停留的时间，时间要恰当，不宜过紧或过松，要能够保证各经办部门和人员正确及时地进行填制和审核。

会计凭证在传递过程中的收发、移交都应当按一定的手续制度办理，做到既完备严密又简单易行。

二、装订和保管会计凭证

（一）装订会计凭证

会计部门在完成当期会计凭证的各项工作后，应对会计凭证及时进行分类整理，定期按记账凭证的编号顺序，连同所附原始凭证折叠整齐后，加具封面、封底利用凭证装订机装订成册，并在装订线上粘贴封签。此外，还应在封面上填写清楚凭证名称、单位名称、起止日期、凭证起讫号数、凭证总页数、装订日期、会计主管和装订员签字等。应注意的是，如果原始凭证的数量过多，不便于和记账凭证一起装订的，可以不附在记账凭证后面，单独拿出来另行装订成册加以保管。在装订成册的封面上注明记账凭证的日期及类、编号，同时在记账凭证的封底注明“附件另订”及原始凭证的名称和编号。

（二）保管会计凭证

会计凭证装订成册后，应指定专人进行保管。会计凭证的保管是指会计凭证记账后的整理、装订和归档存查。

会计凭证的保管过程应注意以下几个问题：

（1）会计凭证应及时传递和整理归类，不得积压。结账期终了应将全部凭证按编号顺序整理，加具封面、封底、装订成册并在装订线上加贴封签。

（2）会计凭证应由会计部门负责整理立卷或装订成册。

（3）会计凭证原则上不得借出。其他单位或个人经本单位领导批准调阅会计凭证时，要填写“会计档案调阅表”，详细登记相关信息。

（4）从外单位取得的原始凭证如有遗失，应取得原签发单位盖有公章的书面证明，注明原凭证的名称、编号、业务内容等相关信息，由经办单位负责人批准后，方可替代原始凭证。

（5）会计凭证的保管期限，分为两类：一类是永久性保管；另一类是定期性保管（一般为 15 年）。期满前不得任意销毁。

德育小课堂——案例分析

一条凭证装订线，审计组查出合谋侵吞国有资产案

201× 年，审计组在审计期间接到了一封反映 A 单位领导人员合谋侵吞国有资产的举报信。经过调查，审计人员认为举报很可能属实，并在随后的审计中发现了重要的审计线索。审计人员在查看一本凭证时感觉其装订较其他凭证松一些，这促使审计人员对该本凭证的外观进行了仔细观察，发现它的装订线略粗且新于其他凭证。审计人员进而发现该凭证封面颜色略淡，纸张质地也不一样。审计人员在拉开装订角后，清楚地看到原始单据上露出了装订过的孔，原来，该本凭证被重新装订过。审计人员继续对该本凭证的各页进行了仔细观察，发现其中一张凭证上并没有露出装订过的孔。经仔细查看，这是一张单位数量只标明“组”的办公设备发票。审计组向提供发票的供应商进行外调。商家告诉审计人员在一个星期前应客户要求调换成以“组”为计量单位的发票，并提供了被换下的发票原件，上面赫然写明“六台笔记本电脑”。审计组成员展开盘点，盘点结果有三台笔记本不翼而飞。

通过一本凭证的装订线并结合必要的外部查证与实物盘点，查清了该单位三名人员通过虚构办公设备等方式侵吞国有资产的问题。他们利用职权侵吞挪用压家财产以牟取私利的经过是：该单位 201x 至 201x 年度超标准购置笔记本电脑 57 台、台式电脑 12 台和相机 21 台，凭证所附原始发票中未标明办公设备品牌规格型号，未附实物领用签收清单，未登记固定资产会计账，未对发票真伪进行核实。

案例思考：凭证装订后要进行封装，封装的会计凭证在本案例里被重新拆封、装订，造成了犯罪。案例对同学们有什么启示吗？

项目小结

党的二十大报告中指出：“我们要高举中国特色社会主义伟大旗帜，全面贯彻新时代中国特色社会主义思想，弘扬伟大建党精神，自信自强、守正创新，踔厉奋发、勇毅前行，为全面建设社会主义现代化国家、全面推进中华民族伟大复兴而团结奋斗。”作为未来的会计从业者，对待每一张凭证都应该严谨认真，在平凡的工作中取得不平凡的成绩。

晓芊通过请教会计赵丽，了解了会计凭证的概念和种类，学会了填制和审核会计凭证，理解了赵丽给超市资产和负债分类命名的方法，掌握了会计凭证的传递和保管方法等主要内容，对会计专业越来越感兴趣了！

项目五　建立会计账簿

项目目标

1. 掌握会计账簿的概念、种类与作用。
2. 会计账簿的设置。
3. 会计账簿的启用与登记。
4. 查找错账并更正。
5. 对账与结账。

项目导入

回顾会计凭证的相关内容，晓苹已经学习了填制和审核会计凭证，王老师让她带领全班同学一起研讨：在凭证填制和审核后，接下来的学习任务应是了解账簿意义、知悉账簿内容、进行账簿设置和登记等。

任务一　认识会计账簿

一、认识会计账簿的概念与种类

会计账簿是指由一定格式账页组成的，以经过审核的会计凭证为依据，全面、系统、连续地记录各项经济业务事项的簿籍。账簿一般可以按其用途、账页格式和外形进行分类。

（一）按照用途分类

1. 序时账簿

序时账簿又称为日记账，是按照经济业务发生或完成时间的先后顺序逐日逐笔进行登记的账簿，它的特点是按照记账凭证的编号逐笔登记。在实际工作中，一般都设置库存现金日记账和银行存款日记账，以便企业可以随时清楚了解资金情况。

2. 分类账簿

分类账簿是对全部经济业务事项按照会计要素的具体类别而设置的分类账户进行登记的账簿。在会计核算中，分类账簿是必须设置的主要账簿，它所提供的核算资料是编制会计报表的主要依据。可分为总分类账和明细分类账。

3. 备查账簿

备查账簿是指对一些在序时账簿和分类账簿中不能记载或记载不全的经济业务进行补充登记的账簿，对序时账簿和分类账簿起补充作用。相对于序时账簿和分类账簿这两种主要账簿而言，备查账簿属于辅助性账簿，它可以为经营管理提供参考资料，如委托加工材料登记簿、租入固定资产登记簿等。

（二）按照账页格式分类

1. 三栏式账簿

设有借贷方和余额三个栏目的账簿，在日常工作中很常见，多用于日记账和总账，一部分明细账也可采用三栏式，如图 5-1 所示。

库 存 现 金 日 记 账

年		凭证编号	摘　要	对应科目	借方									√	贷方									√	余额								
月	日				百	十	万	千	百	十	元	角	分		百	十	万	千	百	十	元	角	分		百	十	万	千	百	十	元	角	分

图 5-1　三栏式账簿

2. 多栏式账簿

在账簿的两个基本栏“借方”“贷方”中，按需要设置若干栏的账簿。收入、成本、费用明细账、利润明细账一般均采用这种格式的账簿，如图 5–2 所示。

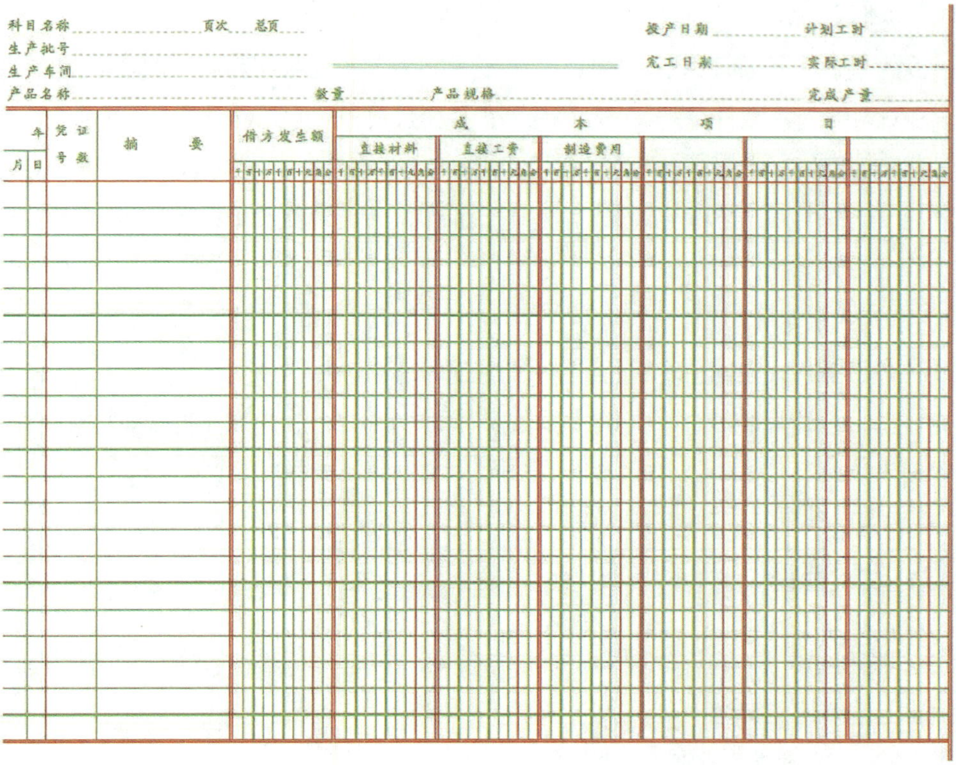

图 5–2　多栏式账簿

3. **数量金额式账簿**

账簿的借方、贷方和余额三个栏目内，都分设数量、单价和金额三小栏，借以反映财产物资的实物数量和价值量，像是原材料明细账、库存商品明细账等，如图 5–3 所示。

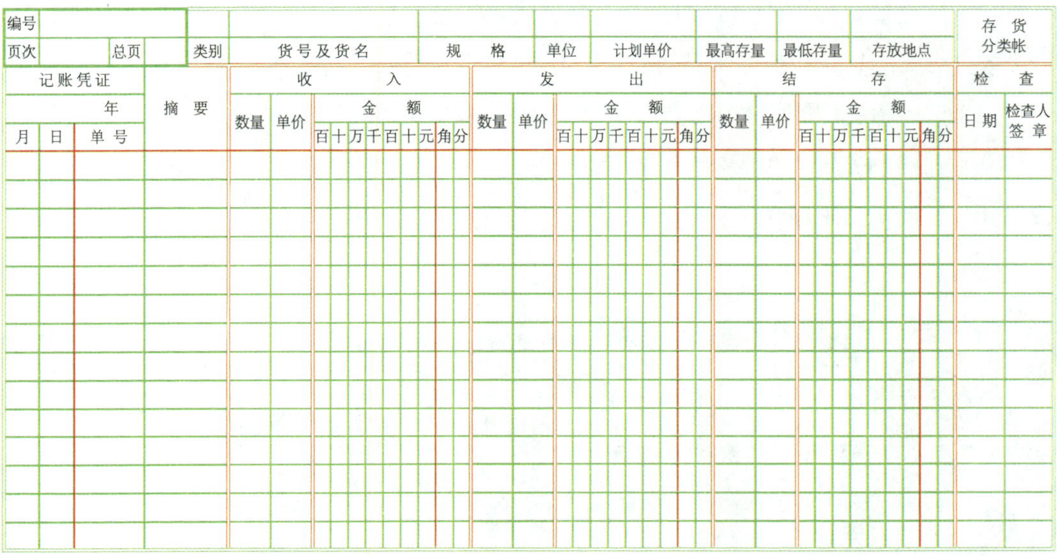

图 5–3　数量金额式账簿

（四）按照外形分类

1. 订本式账簿

启用之前就已经装订完毕，并且账页有连续的编号，这种账簿适用于总分类账、库存现金日记账和银行存款日记账，可以确保防止抽换账页和避免账页的丢失与混乱。

2. 活页式账簿

在账簿登记完成前不固定地装订在一起，而是装在活页账夹中，通常各种明细分类账一般采用活页账形式。

3. 卡片式账簿

将账户所需格式印刷在硬卡上而制成的账簿。

在我国，企业一般只对固定资产的核算采用卡片账形式，也有少数企业在材料核算中使用材料卡片。

二、设置账簿

会计账簿的设置有自己的要求、原则与意义，在展开学习之前，应先了解这些内容，加强对会计账簿的了解。

1. 会计账簿设置的原则

（1）会计账簿的设置首先要符合企业实际工作的需要，根据企业日常会计业务的需要来建立和设置账簿，以实现企业经济管理的高效便捷。一般来说，企业都会设置库存现金日记账和银行存款日记账，就是为了加强资金的管理，可以随时监控掌握企业资金流动情况。

（2）账簿的设置要满足管理需求，会计账簿的设置是为了统计整理管理所需的资料，所以要建立起满足企业管理所需的账簿，不重复、不遗漏，保证信息完善正确。

（3）账簿格式应简单实用，保证会计记录系统直观，便于日常使用。

（4）账簿的设置要合法合理，在设置账簿时，凡是国家有统一规定和要求的，会计主体必须遵照执行，不得自行其是，应依照会计准则和国家统一的规定及本企业的实际情况设置账簿。

知识拓展

不依法设置会计账簿的处罚如下：

1. 由县级以上人民政府财政部门责令限期改正，可以对单位并处三千元以上五万元以下的罚款；

2. 对其直接负责的主管人员和其他直接责任人员，可以处二千元以上二万元以下的罚款；

3. 如果属于国家工作人员的，还应当由其所在单位或者有关单位依法给予行政处分。

2. 会计账簿的基础内容

（1）封面：主要表明账簿的名称，如总分类账、各种明细账、库存现金日记账和银行存款日记账等。

（2）扉页：标明会计账簿的使用信息，如科目索引、账簿启用和经管人员一览表等。

（3）账页：账簿用来记录经济业务事项的载体，其格式反映经济业务内容的不同而有所不同。但其内容应当包括：账户的名称，以及科目、二级科目或明细科目；登记账簿的日期栏；记账凭证的种类和号数栏；摘要栏，所记录经济业务内容的简要说明；金额栏，记录经济业务的增减变动和余额；总页次和分户页次栏。

3. 启用

会计账簿是储存会计信息的重要会计档案，为了确保账簿记录的合法性和完整性，明确记账责任，应该要按照规则启用账簿。

在账簿启用之初，应在账簿扉页填写“账簿启用和经管人员一览表”，在账簿的封面写明单位名称和账簿名称；要在扉页上填写“账簿使用登记表”或“账簿启用表”，其内容主要有：单位名称、账簿名称及编号、启用日期、账簿页数、记账人员和会计主管人员姓名及盖章、单位的公章等。

启用订本式账簿，应当从第一页到最后一页顺序编订页数，不允许跳页或者缺页。如果用活页式账簿，应该要按账户顺序编号，并须定期装订成册。装订后应按实际使用的账页顺序编订页数，另加目录，说明清楚每个账户的名称和页次。卡片式账簿在使用前应当登记卡片登记簿。

会计人员在接管账簿时，应严格交接手续，在“账簿启用和经管人员一览表”中注明交接日期、交接人员和监督交接人员的姓名，并由双方交接人员签名或者盖章，以明确有关人员的责任，增强记账人员的责任感，维护会计账簿的严谨性。

德育小课堂——延伸阅读

关于交接工作的责任划分，观点众多。大体上能分为两大类：一类是交接后的会计责任全部由接收人承担；另一类是移交人仍对移交资料的合法性、真实性承担责任。

任务二　登记会计账簿

一、了解登记要求

账簿是企业的基本财务信息资料库，又是编制会计报告的主要依据，因此账簿的登记必须做到内容完整、科目正确、摘要简明清楚、数据明确真实、字迹工整易认，并且不错记、不重记、不漏记。账簿的登记必须严格遵守以下三个方面。

（一）登记账簿的依据

为了保证账簿记录的真实、正确，必须根据审核无误的会计凭证登账。各单位每天发生的各种经济业务，都要记账，记账的依据是会计凭证。

（二）登记账簿的时间

各种账簿应当每隔多长时间登记一次，没有统一规定。但一般的原则是：总分类账要按照单位所采用的会计核算形式及时登账；各种明细分类账，要根据原始凭证、原始凭证汇总表和记账凭证每天进行登记，也可以定期（3～5天）登记。但是库存现金日记账和银行存款日记账，应当根据办理完毕的收付款凭证，随时逐笔顺序进行登记，最少每天登记一次。

（三）登记账簿的规范要求

第一，登记账簿时，应当将会计凭证日期、编号、业务内容摘要，金额和其他有关资料逐项记入账内，同时记账人员要在记账凭证上签名或者盖章，并注明已经登账的符号（如打“√”），防止漏记、重记和错记情况的发生。

第二，各种账簿要按账页顺序连续登记，不得跳行、隔页。如发生跳行、隔页，应将空行、空页划线注销，或注明“此行空白”或“此页空白”字样，并由记账人员签名或盖章。

第三，登记账簿时，要用蓝黑墨水或者碳素墨水书写。不得用圆珠笔（银行的复写账簿除外）或者铅笔书写。红色墨水只能用于制度规定的“按红字冲账的记账凭证、在不设减少金额栏的多栏式账页中，登记减少数；在三栏式账户的余额栏前，如未印明余额方向的，在余额栏内登记负数金额”等情况。

第四，记账要保持清晰、整洁，记账文字和数字要端正、清楚、书写规范，一般应占账簿格距的二分之一，以便留有改错的空间。

第五，凡需结出余额的账户，应当定期结出余额。库存现金日记账和银行存款日记账必须每天结出余额。结出余额后，应在“借或贷”栏内写明“借”或“贷”的字样。没有余额的账户，应在该栏内写“平”字并在余额栏“元”位上用“0”表示。

第六，每登记满一张账页结转下页时，应当结出本页合计数和余额，写在本页最后一行和下页第一行有关栏内，并在本页的摘要栏内注明“转后页”字样，在次页的摘要栏内注明“承前页”字样。

第七，会计账簿记录发生错误时，不允许用涂改、挖补、刮擦、药水消除字迹等手段更正错误，也不允许重抄，而应根据情况，按照规定采用划线更正法、补充登记法、红字冲账法三种方法进行更正；由于记账凭证错误而使账簿记录发生错误，应当首先更正记账凭证，然后再按更正后的记账凭证登记账簿。

知识拓展

使用电子计算机进行会计核算的，其会计账簿的登记、更正，应当符合国家统一的会计制度的规定。

二、掌握会计账簿的登记

（一）总分类账和明细分类账的平行登记

总分类账的登记会计人员可以根据记载经济业务的收付转凭证及所附的原始凭证逐笔登记，也可以用汇总方法，定期汇总登记。总分类账中各栏所记内容应与记账凭证或记账凭证汇总表内各项目记载内容吻合，要求及时结算出余额。明细账提供的是更加具体详细的会计核算资料，对总账中记载的总的资料起到一种补充辅助的作用。通常对财产、债权、债务、收入和费用等总分类账按照经济活动的实际需要设置相应的明细分类账。

扫描二维码
观看微课

总分类账

会计科目：原材料　　　　　　　　　　　　　　　　　　　　　　　　单位：元

2011年		凭证编号	摘　　要	借　方	贷　方	借或贷	余　额
日期							
3月	1日	（略）	月初余额			借	20 000

图 5-4　总分类账

根据经济活动的特点及企业管理的实际需求，明细分类账可以采用三栏式账页、数量金额式账页、多栏式账页等，然后按审核后的记账凭证逐日逐笔登记或者汇总登记。

应付账款明细分类账

会计科目：海明公司　　　　　　　　　　　　　　　　　　　　　　　　单位：元

2011年		凭证编号	摘　　要	借　方	贷　方	借或贷	余　额
日期							
3月	1日	（略）	月初余额			贷	5 000

图 5-5　应付账款明细分类账

采用平行登记的方法，既可以满足管理需求，又可以检查账务的正确性，对于加强账务工作的管理，提高效率具备很重要的意义。

（二）库存现金日记账的登记

库存现金日记账

科目：库存现金　　　　　　　　　　日期：2007-03-01—2007-03-31

2007年		凭证字号	摘要	借方											贷方											借/贷	余额										
月	日			亿	千	百	十	万	千	百	十	元	角	分	亿	千	百	十	万	千	百	十	元	角	分		亿	千	百	十	万	千	百	十	元	角	分
			上期结转																							借							6	0	0	0	0
3	5	付　0001	提现						6	0	0	0	0	0												借						6	6	0	0	0	0
3	5		本日合计						6	0	0	0	0	0												借						6	6	0	0	0	0
3	10	付　0002	购办公用品																		8	5	0	0	0	借						5	7	5	0	0	0
3	10		本日合计																		8	5	0	0	0	借						5	7	5	0	0	0
3	15	付　0005	预借差旅费																	1	5	0	0	0	0	借						4	2	5	0	0	0
3	15		本日合计																	1	5	0	0	0	0	借						4	2	5	0	0	0
3			当前合计						6	0	0	0	0	0						2	3	5	0	0	0	借						4	2	5	0	0	0
3			当前累计						6	0	0	0	0	0						2	3	5	0	0	0	借						4	2	5	0	0	0

图 5-6　库存现金日记账

库存现金日记账是用来逐日逐笔反映库存现金的收入、付出及结余情况的日记账。它是由单位出纳人员根据审核无误的现金收、付款凭证和从银行提现的凭证逐笔进行登记的。为了确保账簿的安全、完整，库存现金日记账必须采用订本式账簿。

库存现金日记账既要登记现金的收入，又要登记现金的支出，有些企业现金业务发生较为频繁，可以细分为库存现金收入账和库存现金支出账，一般采用三栏式。

（三）银行存款日记账的登记

银行存款日记账

11

2007年 月	日	凭证 字	号	摘要	对方科目	借方金额（百十万千百十元角分）	贷方金额（百十万千百十元角分）	金额（百十万千百十元角分）	√
6	1			期初余额				23400000	
	2		2	付A材料贷款与增值税	1201 物资采购		12000000	11400000	
					2171 应交税金		2040000	9360000	
	5		4	缴纳上月应交税金	2171 应交税金		5200000	4160000	
	6		6	支付A、B材料运费	1201 物资采购		150000	4010000	
				与增值税	2171 应交税金		6500	4003500	
	9		7	购入不需安装的设备	1501 固定资产		2000000	2003500	
	11		8	收到甲产品贷款	5101 主营业务收入	24500000		26503500	
					2171 应交税金	4165000		30668500	
	13		11	支付技工学校经费	5601 营业外支出		300000	30368500	
	14		12	支付B材料部分贷款	1201 物资采购		14400000	15968500	
	15		14	提现、备发工资	1001 库存现金		14000000	1968500	
	16		16	收到国家拨入资金	3101 实收资本	40000000		41968500	
	16		17	归还前欠宏伟厂贷款	2121 应付账款		15372000	26641500	
	16			转下页				26641500	

图 5–7　银行存款日记账

银行存款日记账是逐日逐笔、序时连续地记录和反映银行存款的收入、支出、结存情况的账簿。由出纳会计根据银行存款收付款凭证，按照发生的顺序进行登记。登记时必须做到反映经济业务的内容完整，登记账目及时，凭证齐全，账证相符，数字真实、准确，书写工整，摘要清楚明了，便于查阅，不重记、不漏记、不错记，按期结算，不拖延积压，按规定方法更正错账，从而使账目既能明确经济责任，又清晰美观。

案例：某企业 2014 年 5 月库存现金日记账期初余额为 5 000 元，发生下列现金收付业务。

（1）5 日从银行提取现金 10 000 元，用途是备用金；

（2）10 日支付职工差旅费 800 元，根据以上资料进行库存现金日记账的登记。

表 5-1　　　　库存现金日记账

2014 年		凭证编号		摘　要	对方科目	借　方	贷　方	余　额
月	日	字	号					
5	1			月初余额				5 000
5	5		1	提现	银行存款	10 000		15 000
5	10		2	报销	差旅费		800	14 200
				……	……			14 200
				本月余额				14 200
				本年累计		……	……	14 200

思考题：用同样的案例编制多栏式库存现金日记账。

德育小课堂——拓展阅读

诚信会计不做假账

“不做假账”是财会人员从业的基本准则。

“不”字的竖，画出了勾，拆开为“丁八”，意为“顶；顶撞”之意，也许是说，我们每个从事会计工作的人都要坚持操守，敢于顶住各种压力，对要求做假账的人大喊一声“不”。

“做”字的中间部分，下面的“口”是实心的。也许是说，我们每个从事会计工作的人都应该实心实意，“不做假账”不是停留在口头上，而是要落实到行动中，一丝不苟，实事求是，才能经得起时间的检验。

“假”字的中间，上面的“口”没封住。也许是说，我们每个从事会计工作的人都要直面现实，如今假账事件频繁发生，是跟会计从业人员道德缺失分不开的。我们不仅要自己不做假账，还要规劝监督身边的人不做假账，从而彻底将做假账堵死。

“账”字的左一半，形似“欠”字。也许是说，在做假账这个问题上，我们要知耻而后勇，只有不断地加强业务修养，提升职业操守，才能使会计这个行业风清气正，才能在社会上树立一个良好的行业形象。

各位同学对“不做假账”如何理解呢?

任务三　处理错账

一、查找错账

在登记账簿的时候，可能会出现错误的情况，出现错误后，一是要查找，二是要更正。所以，首先我们要了解导致错账的原因，主要有：记账时，借贷方的方向记错；将某一凭证漏记或者重复记，也可能出现记差行的情况；还会出现记账时数字记错，记账时计算金额出现错误等。以下这几种查找错账的方法就可以帮到大家。

（一）顺序检查法

会计凭证和原始凭证进行核对，再将账簿和记账凭证进行核对的方法，这种方法虽然比较麻烦，但是可以保证在整理的过程中，能有效地发现问题。首先，如果在填制凭证的时候就已经出现了错误，光检查账簿是没有用处的。其次，如果记账凭证正确，那么就根据记账凭证检查账簿，看在过账的过程中是否出现问题。最后，可重新检查账簿上计算的数据，从而确保登账的信息全部正确。

（二）差额核对法

根据出现问题的差异金额有针对性地进行查找和核对，这种方法对于漏记、重记的情况非常有效。

（三）数字查找法

此方法多用于记账时出现笔误的情况，如数字错位的查找方法：数字错位，就是把数字的位数记错，错款金额能被 9 整除，则商为记错位的数字。然后，在账内查找此数，将商放大 10 倍或缩小至十分之一。数字颠倒的查找方法：数字颠倒就是把数字中的前后两个数字书写颠倒。例如，把 58 写成 85，必然使错数 27（85−58）成为颠倒了两位数的差额，用此数除以“9”，商为“3”，就是记颠倒了两位数字的差额。

二、更正错账

错账更正方法常用的有三种。

（一）划线更正法

当检查出账簿中存在记账错误时，可以采用划线更正法，先在错误的文字或者全部数字划一道红线，以示注销，但要保证原来的字迹仍可清晰辨认。划线时必须将错误数字整个划掉，而不能只划其中错写的个别数字。划线后，红线上方重新写上正确的文字或数字，并由记账人员在更正处盖章。这种方法适用于结账之前，记账凭证并未出错，是在过账时记错，属于数字或文字方面的错误的情况。

总　分　类　账

第 129 页

会计科目及编号　原材料 1211

2001年 月	日	凭证字号	摘要	借方（千百十万千百十元角分）	贷方（千百十万千百十元角分）	借或贷	余额（千百十万千百十元角分）
12	20		承上页	208967000	216780000	借	97675000
	21	记 12312	结转甲材料采购成本	8650000		借	106325000
	25	记 12322	生产 A 产品领用甲材料	500000 5000000			101325000 325000

图 5–8　划线更正法

（二）红字冲销法

扫描二维码
观看微课

这种方法适用于记账后发现记账凭证错误。在记账之后，发现记账凭证会计科目用错，首先，重新编制一张与错误记账凭证相同内容的记账凭证，金额用红字，简要说明冲账的原因，以冲销原来的记录。其次，再用蓝字编制正确的记账凭证登记入账。若在记账之后，发现记账凭证只是所填数字大于应填数字的错误，而会计科目使用正确时，则可按正确数字与错误数字的差额，用红字金额填制一张记账凭证，据以用红字登记入账，即可更正错误。

（三）补充登记法

这种方法适用于已经记账后，记账凭证会计科目是正确的，只是所填的金额小于应填的金额，更正时，只需要按正确与错误金额的差额，用蓝字填制一张记账凭证，然后登记入账即可，即补充少记的数字。

任务四　知悉对账与结账

一、知悉对账

对账是指企业、行政事业单位定期对会计账簿记录的有关数字与相关的会计凭证、库存实物、货币资金、有价证券、往来单位或者个人等进行相互核对，以保证账账相符、账证相符、账实相符的一项工作。

按照一定的方法和手续核对账目，主要是对账簿记录进行核对检查，查看账簿记录是否真实、准确，账簿信息的正确性直接影响到企业的经营与管理，所以企业和事业单位都应高度重视对账工作，定期进行对账。

对账的内容主要有以下几点。

（一）账证核对

核对账簿的记录和原始凭证、记账凭证记录的时间、凭证字号、内容、金额是否一致，记账方向是否相符。账簿上记录的信息与会计凭证上的信息必须要一致，保证做到账证相符，这是基础。

（二）账账核对

对各种账簿之间的有关数字进行核对，核对不同的会计账簿里的信息是否相符。例如：总账与明细账核对；总账与日记账核对；会计部门的财产物资明细账与财产物资保管使用部门的有关明细账核对；会计部门财产物资明细分类账与财产物资保管部门和使用部门的有关财产物资明细分类账期末余额应核对等。

（三）账实核对

核对会计账簿中的数据和各项财产的实有数是否一致，具体包括：可以将库存现金日记账的账面余额与实际库存现金结余数进行核对；将银行存款日记账的账面金额和银行对账单进行核对；各种财产物资明细账账面余额和实存数进行核对；各种应收应付款明细账账面余额与有关债务、债权单位或者个人核对等。

二、学会结账

为了将持续不断的经济活动按照会计期间进行分期总结和报告，反映企业一定会计期间的财务状况和经营成果，并为编制财务会计报告提供依据，各企事业单位必须按照《会计法》的规定定期结账。结账是指在把一定时期内所发生的全部经济业务登记入账的基础上，将各类账簿记录核算完毕，结出各种账簿本期发生额合计和期末余额的一项会计核算工作。

（一）结账工作的内容

第一，结账前，应该查清是否已经将所有的经济业务登记入账，是否存在漏记、错记。若发现存在问题，应尽量在结账前进行更正、补充，确保结账前的账务信息完整准确。

第二，按照企业会计准则的规定进行账项调整。

第三，结账前应先进行对账，保证账证相符、账账相符和账实相符，然后才能进行结账工作。

（二）结账工作过程

1. 月度结账

在每月终了时都要进行结账，在“借方”“贷方”“余额”三栏分别计算出发生额合计数和结余数额，然后在此行下面画一条通栏红线，表示本期结算完毕。

2. 季度结账

每季度终了的时候进行结账工作，算出“本季度累计”或“本季度发生额和余额”，在“借”“贷”“余”三栏算出本季度三个月的发生额合计数及季末余额，在此行下划线，表示季度结账完毕。

3. 年度结账

每年年末进行的结账工作。年度终了结账时，所有总账账户都应当结出全年发生额和年末余额。年度结账的方法是：在本年最后一个季度的季度结账的下一行“摘要”栏注明“本年累计”或“本年发生额及年末余额”，在“借方”“贷方”“余额”三栏，分别填上本年度借方发生额合计、贷方发生额合计、年末余额，然后在此行下面画通栏红线，表示全年业务的账务工作到此结束。

（三）更换账簿

年度终了要进行更换账簿的工作，年度结账后，将本年度账簿中的余额结转至下一年度的新账簿中，然后要将本年度的账簿资料整理归档。

结转账簿的年度余额时，在本账簿中最后一笔记录，即本年累计的下一行“摘要”栏注明“结转下年”的字样，将计算出的年末余额记入与余额方向相反的栏内，至此本账簿年末余额结转完毕。

下年度会计账簿重新设置后，登记第一笔业务之前，应先把本账簿的上年余额列示出来，在账簿第一行应先注明“上年结转”，将上年的结转余额填在“余额”栏，注意余额方向。

年度终了后，应将账簿装订整齐，特别是活页式账簿要编好科目目录和页码，固定好，添加封面，在封面上写清楚账簿的相关信息及单位、时间等内容。然后交给主管会计，或者放在会计档案室里保存保管。

项目小结

通过学习本项目，晓芊了解了会计账簿的概念、种类及其作用，知悉了会计账簿的设置，掌握了会计账簿的启用与登记方法，学会了在将各类账簿记录核对完毕后进行对账与结账。

项目六　核算经济业务

项目目标

1. 了解工业企业生产经营过程总分类核算的主要账户的用途和结构。
2. 能正确编制企业主要经济业务基本会计分录。
3. 能界定利润总额的构成内容及计算方法。
4. 能区分成本与费用的关系。
5. 了解物资采购成本和产品制造成本的基本构成，学会主要费用的分配方法。
6. 了解产品制造成本的计算方法。

企业的资金运用包括资金筹集（资金投入）、资金运用（资金的循环与周转）、资金退出三个阶段，如图 6-1 所示。企业要开展正常的经营活动，首先要有可供运用的资金，企业必须采取适当的方式，从一定渠道筹集资金，以满足生产经营活动这一必备的条件。固

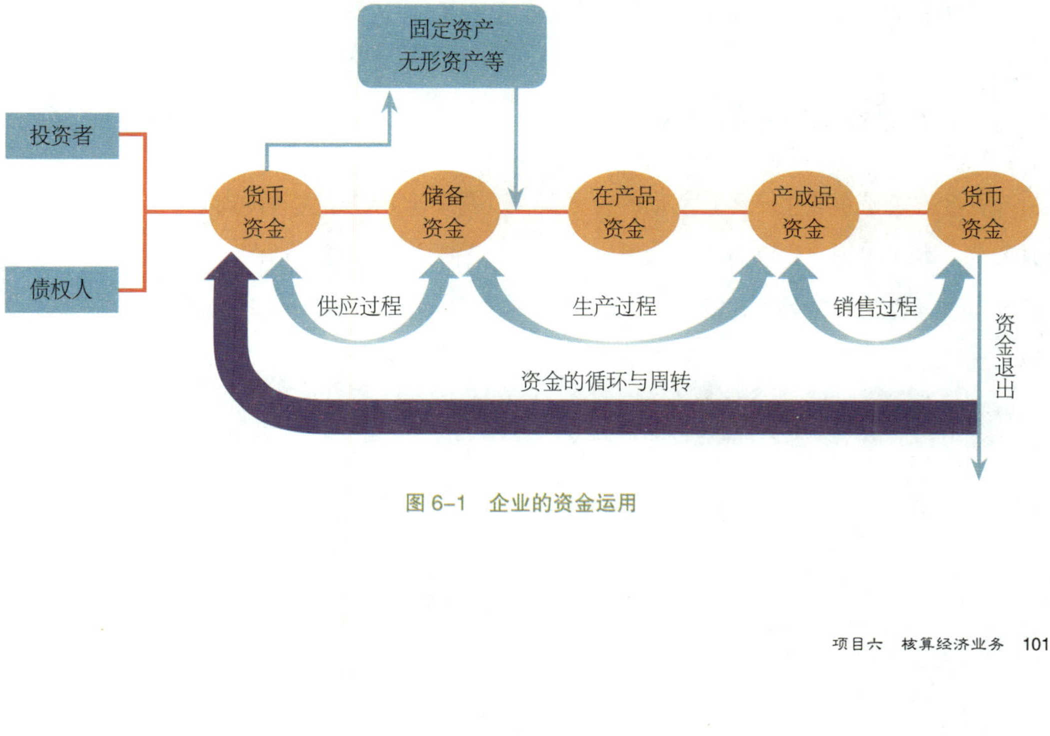

图 6-1　企业的资金运用

定资产是生产必需的劳动资料，有了材料物资才有生产的劳动对象，因此为保证生产经营过程的正常进行，资金在生产准备过程中要得到运用。按照需要用货币资金购置固定资产，同时要购买生产所需的材料物资。在生产过程中，劳动者借助于劳动资料对劳动对象进行加工，生产出能够满足社会需要的产品，因而在这一过程中还要发生各种资金的耗费，首先要发生各种材料物资的耗费，由此储备资金转化为生产资金，同时还要发生劳动者活劳动的耗费、固定资产的折旧费用和其他有关各项生产耗费，这些费用要按照一定的方法在各种产品之间进行分配，最终形成产品成本。当产品完工入库时，生产资金又转化为成品资金。在销售过程中，企业将产品销售给购买方，通过办理结算收回货款，企业的成品资金又转化为货币资金。企业收回货币资金后，首先要补偿在生产过程中物化劳动和活劳动的耗费，另外还要向国家缴纳税金，并计算盈亏，确定财务成果，对实现的利润进行分配。

综上所述，企业的主要经济业务，包括资金筹集业务、供应过程业务、生产过程业务、销售过程业务和财务成果业务。

任务一　核算资金筹集

任务导入

晓苹的邻居张阿姨下岗在家，得知政府对下岗人员创业有政策扶持，她决定在自己所居住的街道开一家包子铺。张阿姨听说晓苹是学习会计的，特意跑到晓苹家里来咨询。张阿姨问晓苹："现在我们单位三个下岗女工决定加盟投资一个 8 万元的包子铺，其中我们三个下岗女工作为投资者每人出资2万元，向银行借款 2 万元，我们这样筹集资金可以吗？要是做账该怎么做呢？借银行的钱利息费用该怎么算呢？"

一、知悉资金筹集的方式

资金筹集是企业生产经营活动的首要条件，是资金运动全过程的起点。从企业资金来源来看，不同的企业可以有不同的筹资渠道，但归纳起来主要包括两个部分：一是投资者投入的资本金；二是借入的资金。

投资者的出资方式可以分为货币资金、实物资产（如固定资产、原材料等）、无形资产（如专利权、商标权、非专利技术等）三类。

二、认识投资者投入的资本

（一）设置账户

1. 实收资本

实收资本是指企业投资者按照合同、协议和公司章程的约定投入企业的资本金。“实收资本”是所有者权益类账户，借方登记所有者投资的减少额，贷方登记实收资本的增加额，期末余额在贷方，表明期末所有者投资的实有数额。本账户应按投资者设置明细分类账户进行明细分类核算。

知识拓展

实收资本与股本的区别

实收资本和股本两者性质相同，只是使用的范围不同。股份有限公司叫股本，其他的公司（有限责任公司及其他形式的企业）叫实收资本。

2. 资本公积

资本公积是企业收到投资者的超出其在企业注册资本（或股本）中所占份额的投资，以及直接计入所有者权益的利得和损失等。“资本公积”是所有者权益类账户，借方登记资本公积的减少额，贷方登记资本公积的增加额，期末余额在贷方，表明企业期末的资本公积数额。本账户应当分别“资本（或股本）溢价”“其他资本公积”进行明细分类核算。

为核算投资者实际投入企业经营活动的各项财产物资，还要设置“银行存款”“库存现金”“固定资产”“无形资产”“原材料”等账户，借记“银行存款”“库存现金”“固定资产”“无形资产”“原材料”等账户分别反映银行存款、库存现金、固定资产、无形资产、原材料的增加；贷记“实收资本”，按其差额贷记“资本公积——资本（或股本）溢价”。

（二）处理账务

1. 接受现金资产投资

企业已收到投资人投入的现金，应在实际收到或者存入企业开户银行时，按实际收到的金额借记“银行存款”，按其在注册资本中所占份额部分贷记“实收资本”，超过注册资本中所占份额的部分贷记“资本公积”。

【例 6-1】收到 A 投资者投入资本 100 000 元，存入银行。

借：银行存款　　　　　　　　100 000

　　贷：实收资本——A 投资者　　　　100 000

2. 接受非现金资产投资

企业在已收到投资人投入的非现金资产时，应按投资各方确认价值作为实收资本入账，若投资各方确认的资产价值超过其在注册资本中所占份额的部分，作为资本溢价，计入“资本公积”账户。借记“固定资产”“无形资产”“原材料”等账户，需要进行增值税核算的借记“应交税费——应交增值税（进项税额）”账户，按其在注册资本中所占份额贷记“实收资本”，按其差额，贷记“资本公积”。

【例 6-2】收到 B 工厂投入机器设备一台，双方协商按其账面价值 80 000 元作为投入资本入账，增值税税额为 7 200 元。

借：固定资产　　80 000

　　应交税费——应交增值税（进项税额）　　7 200

　　贷：实收资本——B 工厂　　87 200

【例 6-3】收到 D 投资者投入的一项价值 500 000 元的专利技术，增值税税额为 30 000 元。

借：无形资产——专利技术　　500 000

　　应交税费——应交增值税（进项税额）　　30 000

　　贷：实收资本——D 投资者　　530 000

3. 注册资本减少

企业由于经营状况发生变化，例如资本过剩、企业发生重大亏损等原因需要减少注册资本。企业因资本过剩而减少注册资本需要按照法定程序报经批准。企业在返还投资者资本时，按实际返还金额借记“实收资本”账户，贷记“库存现金”“银行存款”等账户。

【例 6-4】和平公司从我公司退出，用银行存款退还了其实际出资款 800 000 元。

借：实收资本——和平公司　　800 000

　　贷：银行存款　　800 000

三、处理借款

（一）设置账户

1. “短期借款”账户

用来核算企业向银行或其他金融机构借入的期限在一年以下（含一年）的各种借款。该账户属于负债类账户，贷方反映借入的各种借款；借方反映归还的各项借款；期末余额在贷方，表示期末尚未偿还的短期借款的本金。该账户应按债权人设置明细账，并按债务种类进行明细分类核算。

2. “长期借款”账户

用来核算企业向银行或其他金融机构借入的期限在一年以上的各种借款。该账户属于负债类账户，贷方反映借入的各种长期借款及到期应付利息；借方反映归还的借款本金和利息；期末余额在贷方，表示期末尚未偿还的长期借款本息。该账户应按贷款单位和贷款种类进行明细核算。

为核算企业在筹资过程中发生的各项费用，如利息支出、利息收入及支付给金融机构的手续费等，应设置“财务费用”账户。该账户属于损益类账户，借方反映发生的各项理财费用；贷方反映冲减的各项理财费用（如利息收入）；期末该账户的余额全部转入“本年利润”账户，结转后“财务费用”账户无余额。该账户应按费用项目设置明细账，进行明细分类核算。

对于企业按合同约定应支付的利息，通过“应付利息”账户核算，贷方登记应付的利息费用，借方登记支付的利息，期末贷方余额，反映企业应付而未付的利息。

（二）处理账务

1. 取得借款

向银行或其他金融机构借入短期或者长期借款时，按实际收到的款项，贷记“短期借款”“长期借款”，借记“银行存款”。

【例 6-5】2019 年 4 月 1 日，B 公司因生产经营的需要从银行取得借款 40 000 元，借款期限 3 个月，年利率为 6%，利息按季结算。

取得借款的会计分录：

借：银行存款　　　　　　　　　　40 000

　　贷：短期借款　　　　　　　　　　40 000

2. 短期借款利息的计算一般按单利计算

短期借款利息 = 借款本金 × 借款期限 × 借款利率

（1）按月计算并支付：借记“财务费用”，贷记“银行存款”。

（2）按月预提、按季支付：一般在每月月末预提利息时，借记“财务费用”，贷记“应付利息”；按季实际支付利息时，按已预提的利息金额，借记“应付利息”，当月的利息费用借记“财务费用”，按实际支付的利息金额，贷记“银行存款”。

（3）利息在借款到期时连本带息一并支付：利息金额较大的，可按月预提，每月月末预提利息时，借记“财务费用”，贷记“应付利息”；借款到期实际支付利息时，按已预提的利息金额，借记“应付利息”，当月的利息费用借记“财务费用”，按实际支付的利息金额，贷记“银行存款”；利息金额较小的，平时可以不预提，实际支付时，借记“财务费用”，贷记“银行存款”。

【例 6-6】接上例，确定 4 月的利息费用。

4 月的利息费用 =40 000×6%×1/12=200（元）

借：财务费用　　　　　　　　　　200

　　贷：应付利息　　　　　　　　　　200

3. 归还借款

借款到期，向银行或者其他金融机构还款时，借记“短期借款”或“长期借款”，贷记“银行存款”。

【例 6-7】接【例 6-6】，2019 年 7 月 1 日，短期借款到期，本息一并归还银行。

4 月的利息费用已确认为 200 元，5 月、6 月按相同的方法预提，应付利息共 600 元。

借：短期借款　　　　　　　　　　40 000

　　应付利息　　　　　　　　　　　600

　　贷：银行存款　　　　　　　　　　40 600

任务完成

通过对筹集资金核算的学习，晓苹对张阿姨的问题这样解答：“张阿姨，每个投资者出资 2 万元，三位投资者总共出资 6 万元，向银行借款根据借款期限的长短可以确定为短期借款，向银行借款的利息费用作为当期的财务费用。在会计工作中，我们通过会计分录来做账。”

（1）投资者投资：

借：银行存款　　　　　　60 000

　　贷：实收资本　　　　　　60 000

（2）取得短期借款：

借：银行存款　　　　　　20 000

　　贷：短期借款　　　　　　20 000

（3）按月计提利息费用：

借：财务费用　　　　　　短期借款本金 × 年利率 /12 个月

　　贷：应付利息　　　　　　短期借款本金 × 年利率 /12 个月

德育小课堂——延伸阅读

利率的计算方法

利率也称为利息率，是在一定日期内利息与本金的比率，一般分为年利率、月利率、日利率三种，由人民银行挂牌公告。年利率以百分比表示，月利率以千分比表示，日利率以万分比表示。为了计息方便，三种利率之间可以换算，其换算公式为：

年利率 ÷12 = 月利率

月利率 ÷30= 日利率

年利率 ÷360 = 日利率

利息计算时，本金以“元”为起息点，元以下的角、分不计息，利息的金额算至分位，分位以下四舍五入。分段计息算至厘位，合计利息后分以下四舍五入。

计算利息时，算头不算尾，存款天数一律算头不算尾，即从存入日起算至取款前一天止；不论闰年、平年，不分月大、月小，全年按 360 天，每月均按 30 天计算对年、对月、对日计算，各种定期存款的到期日均以对年、对月、对日为准。即自存入日至次年同月同日为一对年，存入日至下月同一日为对月；由于存款种类不同，具体计息方法也各有不同，但计息的基本公式不变，即利息是本金、存期、利率三要素的乘积，公式为：

利息 = 本金 × 年利率 × 年限

利息 = 本金 × 月利率 × 月数

利息 = 本金 × 日利率 × 存款天数

任务二　核算供应过程

任务导入

半个月后，张阿姨的包子铺筹备开张。筹集到的资金用于租房、买设备、买桌椅板凳等，还有做包子的食材，如面粉、粉丝、蔬菜和调味料等。张阿姨觉得花了很多钱，但不知道如何记账，又来找晓苹。“晓苹，我每天从批发市场买回来的蔬菜都有一些烂菜叶不能使用，这个该怎么核算呢？”“晓苹，我买的20袋面粉，运费该怎么核算呢？”“晓苹……”面对这些问题，晓苹也是一脑袋问号。

一、知悉供应过程核算的主要内容

供应过程又称采购过程，是指企业用货币资金购买材料等劳动对象为产品生产进行物资准备的过程。主要内容包括：（1）购买材料，支付买价及增值税；（2）支付运输费、装卸费等采购费用；（3）计算确认材料采购成本；（4）材料验收入库；（5）与供应单位结清应付债务等。

二、确认采购成本

（一）设置账户

1. **“在途物资”账户**

该账户属于资产类账户，用来核算企业采用实际成本（或进价）进行材料、商品等物资的日常核算、购入物资尚未到达或虽已到达但尚未验收入库的各种在途物资的成本。其借方反映购入材料物资的实际成本，贷方反映验收入库材料物资的实际成本；期末若有余额在借方，反映企业已购入，但尚未验收入库或尚未到达企业的在途材料的实际成本。该账户应按供货单位和物资品种设置明细分类账户。

2. **“原材料”账户**

该账户属于资产类账户，用来核算企业库存材料的增减变动情况。其借方反映入库材料的实际采购成本；贷方反映发出材料的成本；余额在借方，反映期末库存材料的实际成本。该账户应按材料类别或品种开设明细账户。

扫描二维码
观看微课

3. **“应交税费——应交增值税”账户**

该账户属于负债类账户，下设“进项税额”“销项税额”等专栏。其中借方“进项税额”专栏，反映企业购入货物或接受应税劳务而支付的增值税专用发票上注明的增值税额；贷方“销项税额”专栏，反映企业销售货物或提供应税劳务应向购货方收取的增值税额。

4. **“应付账款”账户**

该账户属于负债类账户，用来核算材料采购发生的债务及债务的偿还情况。其贷方反映应付而未付的购货款及进项税额；借方反映已偿还给购货方的销货款及进项税额；余额在贷方，表示尚未偿还的购货款及进项税额。该账户应按供应单位名称设置明细账户。

（二）核算材料的采购成本

企业购入材料的采购成本由下列各项组成：

（1）买价；

（2）运杂费（包括运输费、装卸费、保险费、包装费、仓储费等，不包括按规定根据运输费的一定比例计算的可抵扣的增值税额）；

（3）运输途中的合理损耗；

（4）入库前的挑选整理费用；

（5）购入物资应负担的相关税金（如关税等）和其他费用。

【例 6-8】某企业购进一批原材料，支付的买价是 10 万元，增值税 1.3 万元，运输费 0.3 万元，运输途中发生的自然损耗 200 元，入库前发生整理费用 500 元，这批材料的入账成本是多少？

本题中，原材料的成本 = 买价 + 运输费 + 挑选整理费用

=100 000+3 000+500

=103 500（元）

知识拓展

采购成本控制在企业的市场竞争中具有重要意义：（1）采购成本控制的实施是保证企业完成既定成本目标的重要手段；（2）采购成本控制的实施是降低产品成本、增加盈利、提高经济效益的重要途径；（3）采购成本控制在企业诸控制系统中起着基础的控制作用。

（三）处理账务

1. 购入材料，材料已经验收入库

借：原材料

应交税费——应交增值税（进项税额）

贷：银行存款、应付账款、应付票据等

【例 6-9】从光明工厂购入 B 材料 2 000 千克，买价 40 000 元，增值税进项税额 5 200 元；购入 C 材料 1 000 千克，买价 5 000 元，增值税进项税额 650 元，款项暂未支付，材料已验收入库。

借：原材料——B 材料	40 000	
——C 材料	5 000	
应交税费——应交增值税（进项税额）	5 850	
贷：应付账款——光明工厂		50 850

2. 购入材料，材料尚在途中或尚未验收入库

借：在途物资

　　应交税费——应交增值税（进项税额）

　　贷：银行存款、应付账款、应付票据等

待材料到达、验收入库后：

借：原材料

　　贷：在途物资

【例 6-10】从 A 公司购进甲材料 200 千克，单价 150 元，计 30 000 元；购进乙材料 100 千克，单价 200 元，计 20 000 元。增值税进项税额 6 500 元，款项总额 56 500 元尚未支付。

这项业务的发生，一方面甲材料采购成本增加 30 000 元，乙材料采购成本增加 20 000 元，增值税进项税额增加 6 500 元，另一方面负债增加 56 500 元。应编制会计分录如下：

借：在途物资——甲材料	30 000	
——乙材料	20 000	
应交税费——应交增值税（进项税额）	6 500	
贷：应付账款——A 公司		56 500

3. 采购费用的分配

采购费用分配率 = 采购费用总额 / 各种材料的重量之和（或买价之和）

某种材料应承担的采购费用 = 该材料的重量（或买价）× 采购费用分配率

【例 6-11】以银行存款支付上述甲、乙材料的运杂费 1 500 元。请将运杂费按甲、乙两种材料的重量进行分配。

采购费用分配率 = 采购费用总额 ÷ 各种材料的重量之和（或买价之和）

=1 500÷（200+100）=5（元 / 千克）

甲材料应承担的采购费用 = 甲材料的重量（或买价）× 采购费用分配率

=200×5=1 000（元）

乙材料应承担的采购费用 = 乙材料的重量（或买价）× 采购费用分配率

=100×5=500（元）

借：在途物资——甲材料	1 000	
——乙材料	500	
贷：银行存款		1 500

甲材料的总成本 =30 000+1 000=31 000（元）

乙材料的总成本 =20 000+500=20 500（元）

表 6-1

材料采购成本计算表

单位：元

成本项目	甲材料（200 千克）		乙材料（100 千克）		合计
	总成本	单位成本	总成本	单位成本	
买　价 运杂费	30 000 1 000	150 5	20 000 500	200 5	50 000 1 500
采购成本	31 000	155	20 500	205	51 500

【例 6-12】接上例，两日后，甲、乙两种材料到达并验收入库。

借：原材料——甲材料　　　　　　31 000

　　　　　——乙材料　　　　　　20 500

　贷：在途物资——甲材料　　　　　　31 000

　　　　　　——乙材料　　　　　　20 500

4. 支付材料采购的款项

借：应付账款、应付票据等

　贷：银行存款

【例 6-13】接【例 6-9】，用银行存款支付前欠光明工厂购料款 50 850 元。

借：应付账款——光明工厂　　　　50 850

　贷：银行存款　　　　　　　　　　50 850

任务完成

通过对供应过程核算的学习，晓芊掌握了相关知识点，对张阿姨店里出现的问题逐一进行了解答，蔬菜的烂菜叶可以作为运输途中的合理损耗计入蔬菜采购的成本，采购面粉产生的运费应当作为采购费用计入面粉的采购成本。

任务三　核算生产过程

任务导入

张阿姨的“便民包子铺”终于要开张了，为了吸引顾客，张阿姨决定把包子的定价定得便宜些，薄利多销，但是定价是多少才能不亏本呢？一个包子的成本到底是多少呢？张阿姨对这个问题百思不得其解。于是，张阿姨又敲响了晓芊家的门。如果你是晓芊，你该如何帮助张阿姨计算包子的成本呢？

一、知悉生产过程核算的内容

生产过程是工业企业资金循环的中心环节。在生产过程中，工人借助于劳动资料对劳动对象进行加工，制成劳动产品。生产过程是产品制造过程，是从原材料（或半成品）开始直到制造成为产品的各个相互联系的全部劳动过程的总和。

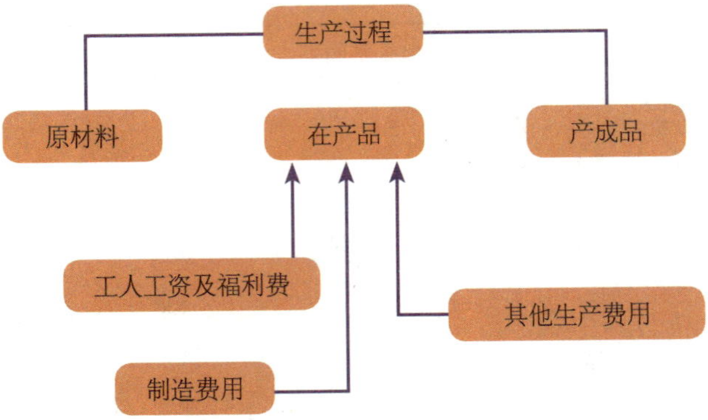

图 6-2　生产过程

生产过程中发生的各项耗费叫生产费用，主要包括各种材料费用、人工费用、动力费用、固定资产折旧费用及其他各种费用。生产费用是指企业在一定时期内为生产产品而发生的物化劳动和活劳动的耗费。

工业企业在生产经营过程中发生的费用按经济用途可分为计入产品成本的费用和期间费用。计入产品成本的费用是指与产品生产相关联而发生的费用，其最终构成产品成本，按其与产品的关系，又可分为直接费用和间接费用。

直接费用是指与产品生产有直接关系的费用，包括直接材料、直接人工费用等。

间接费用是指企业生产单位如生产车间为组织和管理生产而发生的费用，也称制造费用。

企业所发生的直接费用可按受益对象即生产的产品直接计入各产品成本中，而间接费用则要通过归集汇总后，再分配到各种产品成本中，最后各种产品所归集到的直接材料、直接人工和制造费用才构成该产品成本。

二、核算生产过程

（一）设置账户

1. “生产成本”账户

该账户属于成本类账户，用来核算企业进行工业性生产发生的各项生产成本，包括生产各种产品（产成品、自制半成品等）、提供劳务等所发生的各项生产费用。其借方反映发生的直接材料、直接人工等各项直接费用及分配转入的制造费用；贷方反映结转到“库存商品”账户中去的完工产品的实际成本；该账户月末如有余额在借方，表示尚未完工的在产品成本。该账户应按“基本生产成本”和“辅助生产成本”设置二级账户，“基本生产成本”应按照基本生产车间和成本计算对象设置明细账，进行明细分类核算。

2.“制造费用”账户

该账户属于成本类账户，用来核算企业生产车间（部门）为生产产品和提供劳务而发生的各项间接费用。其借方反映企业为生产产品和提供劳务而发生的间接费用，包括车间管理人员的工资和福利费、折旧费、修理费、办公费、水电费、机物料消耗、劳动保护费以及季节性和修理期间的停工损失等；贷方反映应转入“生产成本”账户的由各种产品负担的制造费用；结转后月末无余额。该账户应按车间分费用项目设置明细账。

3.“管理费用”账户

该账户属于损益类账户，用来核算企业为组织和管理企业生产经营活动而发生的管理费用。其借方反映各项管理费用的发生额，包括企业的董事会和行政管理部门在企业的经营管理中所发生的，或者应由企业统一负担的公司经费、工会经费、待业保险费、董事会费、诉讼费、业务招待费、技术转让费、排污费、存货盘亏或盘盈、计提的坏账准备和存货跌价准备等；其借方发生额应于月末全部从贷方转入“本年利润”账户；月末结转后无余额。该账户应按费用项目设置明细账。

4.“销售费用”账户

该账户属于损益类账户，用来核算企业在销售过程中所发生的各项费用，包括运输费、装卸费、包装费、保险费、展览费和广告费，以及为销售本企业商品而专设的销售机构（含销售网点、售后服务网点等）的职工薪酬、业务费、折旧费等经营费用。其借方登记销售商品过程中发生的各项费用，贷方登记期末结转到“本年利润”账户的数额，期末结转后该账户无余额。

5.“财务费用”账户

该账户属于损益类账户，用来核算企业为筹集生产经营所需资金等而发生的筹资费用，包括利息支出、银行手续费等。该账户借方登记企业发生的各项财务费用，贷方登记企业发生的应冲减财务费用的利息收入、汇兑收益、收到的现金折扣等，期末该账户余额转入“本年利润”账户，结转后该账户无余额。该账户应按费用项目设置明细账。

扫描二维码
观看微课

知识拓展

期间费用是指企业为组织和管理企业生产经营、筹集生产经营所需资金及销售商品等而发生的各项费用。期间费用应在发生当期直接计入损益，并在利润表中分项目列示，包括管理费用、财务费用和销售费用。

6. “应付职工薪酬”账户

该账户属于负债类账户，核算企业应付职工薪酬的提取、结算、分配及使用情况。职工工资、奖金、津贴和补贴、职工福利费等应通过“应付职工薪酬”科目进行核算。该账户贷方登记已分配计入有关成本费用项目的职工薪酬的数额，借方登记实际发放职工薪酬的数额，期末贷方余额反映企业应付而未付的职工薪酬。

7. “累计折旧”账户

该账户属于资产类账户，用来核算固定资产的累计折旧额，是“固定资产”账户的备抵账户。该账户贷方登记计提的固定资产折旧，借方登记因减少固定资产而转销的已提折旧，期末余额在贷方，表示累计提取的固定资产折旧额。该账户不进行明细分类核算。

8. “库存商品”账户

该账户属于资产类账户，用来核算企业库存的各种商品的增减变动及结存情况。其借方反映已经完工验收入库等原因而增加的各种商品的实际成本；贷方反映由于各种原因如销售等而减少的各种商品的实际成本；其余额在借方，表示库存商品的实际成本。该账户应按库存商品的种类、品种和规格设置明细账。

（二）了解生产过程的核算原理

工业企业的基本任务是生产社会需要的产品，因此产品的生产过程是企业生产经营过程的中心环节。为了生产产品而直接耗用的原材料、支付生产工人的职工薪酬等费用直接计入各产品的生产成本中；为组织和管理生产而发生的间接费用，如固定资产磨损、车间管理人员职工薪酬等费用，通过“制造费用”账户归集汇总后，再分配到各产品成本中，这些直接费用和间接费用构成产品成本。产品完工后，转入“库存商品”账户。对于生产经营过程中发生的与产品生产无直接关系的各项费用，如管理费用、财务费用等，应当直接计入当期损益，不计入产品成本。因此，生产过程核算的主要内容是归集和分配各项费用，计算产品成产成本。

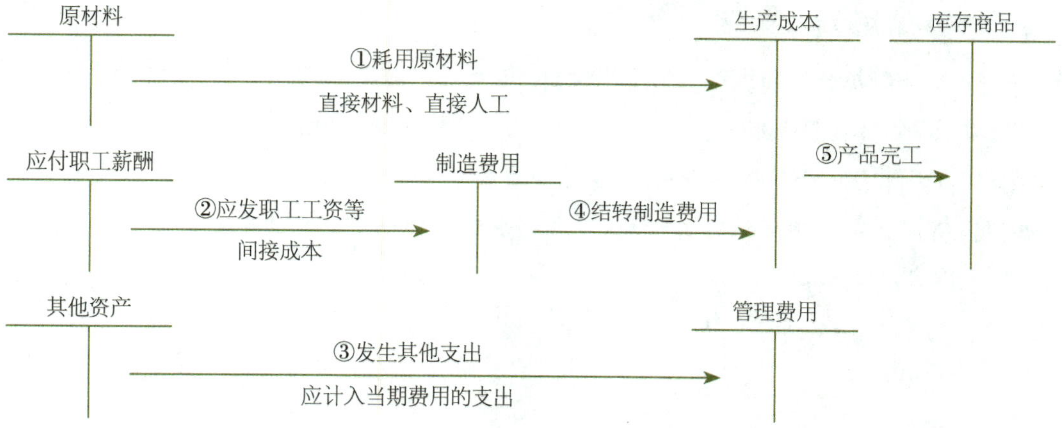

图 6-3 生产过程的核算

三、核算生产过程的主要经济业务

（一）核算领用材料

领用材料应根据不同用途借记有关账户，贷记“原材料”。生产产品领用的应计入“生产成本”账户；用于车间管理及一般消耗领用的应计入“制造费用”账户；厂部管理部门领用材料应计入“管理费用”账户；销售部门领用材料应计入“销售费用”账户。

借：生产成本——× 产品　　（× 产品领用）
　　制造费用　　（车间一般耗用）
　　管理费用　　（行政部门耗用）
　　销售费用　　（销售部门耗用）
　　贷：原材料——× 材料　　（耗用 × 材料的总额）

【例 6-14】仓库根据当月领料凭证，汇总如下：

生产 A 产品耗用甲材料 3 000 千克，单价 15 元，耗用乙材料 3 000 千克，单价 6 元；生产 B 产品耗用甲材料 5 200 千克，耗用乙材料 1 800 千克；生产车间一般耗用甲材料 800 千克；行政管理部门耗用乙材料 200 千克。

借：生产成本——A 产品　　63 000
　　　　　　——B 产品　　88 800
　　制造费用　　12 000
　　管理费用　　1 200
　　贷：原材料——甲材料　　135 000
　　　　　　　——乙材料　　30 000

（二）核算应付职工薪酬

企业应当根据职工提供服务的受益对象，对发生的职工薪酬分别以下情况进行处理：生产部门人员的职工薪酬，借记“生产成本”；车间管理人员的职工薪酬，借记“制造费用”；管理部门人员的职工薪酬，借记“管理费用”；销售人员的职工薪酬，借记“销售费用”，贷记“应付职工薪酬”。实际发放工资时，根据实际发放金额借记“应付职工薪酬”，贷记“银行存款”。

借：生产成本——× 产品
　　制造费用
　　管理费用
　　销售费用
　　贷：应付职工薪酬——× ×

借：应付职工薪酬——× ×
　　贷：银行存款

【例 6-15】月末，结转本月应付职工工资 140 000 元，其中生产 A 产品工人工资 50 000 元，生产 B 产品工人工资 40 000 元，车间管理人员工资 18 000 元，行政管理人员工资 32 000 元。

借：生产成本——A 产品	50 000	
——B 产品	40 000	
制造费用	18 000	
管理费用	32 000	
贷：应付职工薪酬——工资		140 000

【例 6-16】接上例，用银行存款发放职工工资。

借：应付职工薪酬——工资	140 000	
贷：银行存款		140 000

【例 6-17】月末，按职工工资总额的 14% 计提职工福利费 19 600 元，其中生产 A 产品职工应计提 7 000 元，生产 B 产品职工应计提 5 600 元，车间管理部门应计提 2 520 元，行政管理部门应计提 4 480 元。

借：生产成本——A 产品	7 000	
——B 产品	5 600	
制造费用	2 520	
管理费用	4 480	
贷：应付职工薪酬——职工福利		19 600

德育小课堂——业务拓展

中秋节的月饼福利

中秋节是中国民间传统节日。中秋节自古便有祭月、赏月、吃月饼、看花灯、赏桂花、饮桂花酒等民俗，流传至今，经久不息。月饼象征着大团圆，吃月饼是中国南北各地过中秋节的必备习俗，中秋节这天人们都要吃月饼以示“团圆”。

请同学们思考：单位给员工发放月饼作为中秋节福利，该如何进行核算呢？

（三）核算其他生产费用

企业其他生产费用，包括固定资产折旧费、保险费、租赁费、利息支出、办公费、水电费和差旅费等。

1. 固定资产折旧费用的核算

企业按月计提折旧，在实际计提固定资产折旧时，当月增加的固定资产，当月不提折旧，从下月起计提折旧；当月减少的固定资产，当月仍提折旧，从下月起停止计提折旧。折旧时应根据固定资产的使用地点和用途分别计入有关账户：车间固定资产的折旧，计入“制造费用”账户；厂部管理部门固定资产的折旧，计入“管理费用”账户；专设销售机构固定资产的折旧，计入“销售费用”账户。

借：制造费用
　　管理费用
　　销售费用
　　贷：累计折旧

【例 6-18】月末，计提本月固定资产折旧 6 000 元，其中生产车间固定资产折旧 4 000 元，企业管理部门固定资产折旧 2 000 元。

借：制造费用　　　　4 000
　　管理费用　　　　2 000
　　贷：累计折旧　　　　6 000

2. 利息费用的核算

任务一中，我们学习过短期借款利息的核算办法，包括按月计算并支付、按月预提、按季支付、利息在借款到期时连本带息一并支付三种方式，利息费用计入“财务费用”账户。

【例 6-19】31 日，用银行存款支付本季度短期借款利息 600 元。

借：财务费用　　　　　　　　200
　　应付利息　　　　　　　　400
　　贷：银行存款　　　　　　　　600

3. 其他费用的核算

【例 6-20】31 日，用现金购买办公用品，其中生产车间 480 元，管理部门 300 元。

借：制造费用　　　　　　　　480
　　管理费用　　　　　　　　300
　　贷：库存现金　　　　　　　　780

【例 6-21】31 日，采购员张宁出差，预借差旅费 1 500 元，以现金支付。

借：其他应收款——张宁　　　　1 500
　　贷：库存现金　　　　　　　　1 500

【例 6-22】31 日，张宁出差回来，报销差旅费 1 467 元，余款退回。

借：管理费用　　　　　　　　1 467
　　库存现金　　　　　　　　　33
　　贷：其他应收款——张宁　　　　1 500

知识拓展

31 日，张宁出差回来，报销差旅费 1 467 元，余款退回。其中：飞机票 545 元（暂不考虑机场建设费问题）；住宿费 300 元，增值税 18 元；培训费 400 元，增值税 24 元；出差补助 180 元。

飞机票价格 =545 ÷（1+9%）=500（元）

飞机票的增值税进项税额 =545-500=45（元）

计入管理费用的差旅费 =500+300+400+180=1 380（元）

差旅费的增值税进项税额 =45+18+24=87（元）

借：管理费用　　　　　　　　1 380
　　应交税费——应交增值税（进项税额）　　87
　　库存现金　　　　　　　　　33
　　贷：其他应收款——张宁　　　　1 500

【例 6-23】31 日，用银行存款支付本月水电费 22 000 元，其中生产车间 21 000 元，管理部门 1 000 元。

借：制造费用　　　　　　　　　　　　　21 000
　　管理费用　　　　　　　　　　　　　　1 000
　　贷：银行存款　　　　　　　　　　　　　　22 000

德育小课堂——案例分析

差旅费报销

某省某区行政单位安排两名领导干部参加本省在北戴河举办的培训班，培训时间201X年8月7日至12日，通知明确：7日报到，12日结束，学习培训期间食宿、培训费由举办单位负责，往返交通、食宿费用由学员所在单位负责。

具体行程：8月6日，单位派车将二人从驻地送至机场，两人乘飞机抵达北京后，在北京住宿一晚；8月7日，二人在北京参观某博物馆之后，乘火车抵达北戴河培训地点报到；8月12日，结束培训后，根据省带队领导提议，二人又乘公共汽车前往承德市考察学习；8月13日，二人从承德市乘车至北京机场，住宿一晚；8月14日，乘飞机抵达本地机场，单位派车将二人接回。返回单位，出差人将报销单据交由单位办公室副出任兼出纳代为填报，经办公室主任签字审批后报销差旅费用10 474元。

次年，所在市开展落实中央八项规定精神情况专项督查，督查组在查账时发现，二人到北京、承德市等地参加培训，差旅费报销单中未附有关文件通知，经调查核实差旅费报销的填报、审批过程，并按有关规定对应报销差旅费进行核算，最终确认二人多报销伙食补助费、市内交通费及应由个人承担的费用共计1 132元。随后，市纪委党风政风监督室将此问题线索移交给市纪检监察部门立案调查，最后市纪委根据调查结果分别给予二人党内警告处分，违规报销的差旅费1 132元退回单位财务；办公室主任对票据审核不严，负有重要领导责任，进行提醒谈话；经办人办公室副主任违规填报和审签，负有直接责任和重要领导责任，进行诫勉谈话。

（四）分配和结转制造费用

在生产一种产品的车间中，制造费用可以直接计入产品成本；在生产多种产品的车间中，应根据制造费用的性质，合理选择分配方法，将制造费用分配计入各种产品成本。通常可以根据生产工时、产品数量等标准将制造费用分配到各种产品中去，然后结转给生产成本。借记“生产成本”，贷记“制造费用”。

制造费用的分配比率 = 制造费用总额 ÷ 生产工时之和（或者产品产量之和等）

某种产品应承担的制造费用 = 该产品的生产工时（或者产量）× 制造费用分配比率

【例 6-24】本月生产 A 产品耗用 3 000 工时，生产 B 产品耗用 2 800 工时，结合例 6-14 至例 6-23，将制造费用按生产工时进行分配并结转。

制造费用总额 =12 000+18 000+2 520+4 000+480+21 000=58 000（元）

制造费用的分配比率 =58 000÷5 800=10（元 / 工时）

A 产品应承担的制造费用 =3 000×10=30 000（元）

B 产品应承担的制造费用 =2 800×10=28 000（元）

结转制造费用：

借：生产成本——A 产品	30 000	
——B 产品	28 000	
贷：制造费用		58 000

（五）结转完工产品成本

企业的产成品一般应按实际成本进行核算，在这种情况下，产成品的收入、发出、销售，平时只记数量不记金额。月度终了，计算入库产成品的实际成本。借记“库存商品”，贷记“生产成本”。

【例 6-25】31 日，结转本月完工入库产品的生产成本，其中：A 产品完工 500 件，成本为 46 000 元，B 产品完工 400 件，成本为 38 000 元。

借：库存商品——A 产品	46 000	
——B 产品	38 000	
贷：生产成本——A 产品		46 000
——B 产品		38 000

任务完成

晓苹告诉张阿姨，产品的生产成本包括了直接材料、直接人工和制造费用三项内容，在确定包子的成本时，要确定包子制作的材料成本、人工成本及一些制作过程中的间接费用，包括机器设备的折旧、水电费等。

任务四　核算销售过程

任务导入

在确定了包子的成本和价格之后，张阿姨的包子铺如期营业了。试营业期间生意很好，张阿姨决定趁热打铁，印发一些宣传单进行宣传，争取正式开业时生意更加兴隆。宣传单的印制花费了120元，这120元既不是卖包子的收入，也不是做包子的成本，到底该怎么核算呢？这天晓苹路过张阿姨的包子铺，被张阿姨叫住了询问。

一、知悉销售过程核算的内容

追求利润最大化是企业开展生产经营活动的主要目标，而收入是利润的来源，没有收入就没有盈利。企业只有通过产品的对外销售获取收入来补偿为此而发生的支出后，才可能获得一定的利润。销售过程是企业产品价值和经营成果的实现过程，企业只有将生产出来的产品通过销售提供给消费者，才能将产品资金形态转换为货币资金形态，完成资金的一次循环，从而为企业的持续经营和再生产规模的扩大提供物质保障。

在这个过程中，企业要将制造完工的产成品及时销售给购买单位，让渡商品所有权，同时收取销售货款，获得与产品销售相关的经济利益流入，即取得销售收入，一方面满足社会需要，另一方面实现自己的经营目标，保证再生产的正常进行。取得的销售收入与产品的销售成本相比较，若收入大于成本，其差额则为销售毛利，小于成本则为销售亏损。

销售业务会计处理的主要内容，包括企业确认产品销售收入的实现、与购货方办理款项结算并收回货款、结转产品销售成本、支付产品销售费用（如产品运输费、广告费等）、计算和缴纳产品销售税金、确定产品销售利润等事宜。

二、核算销售过程

（一）设置账户

1. “主营业务收入”账户

该账户属于损益类账户，是用来核算企业在销售商品、提供劳务等日常经营活动中所产生的收入。该账户贷方登记企业销售商品（包括产成品、自制半成品等）或让渡资产使用权所实现的收入，借方登记发生的销售退回和转入“本年利润”账户的收入，期末结转后，该账户应无余额。

2. “其他业务收入”账户

该账户属于损益类账户，是用来核算企业其他业务所取得的收入，包括出租固定资产、出租无形资产、出租包装物和商品、销售材料。该账户的贷方登记企业获得的其他业务收入，借入登记期末结转到“本年利润”账户的其他业务收入，结转以后该账户应无余额。

3. “应收账款”账户

该账户是资产类账户，是用来核算企业因销售商品、产品、提供劳务等，应向购货单位或接受劳务单位收取的款项。该账户借方登记实现收入发生的应收款和已转作坏账损失又收回的应收款，以及代购货单位垫付的包装费、运杂费等；贷方登记实际收到的应收款项和企业将应收款改用商业汇票结算而收到承兑的商业汇票，以及转作坏账损失的应收账款。月末借方余额表示应收但尚未收回的款项，该账户应按债务单位设置明细账户。

4. “应收票据”账户

该账户是资产类账户，是用来核算企业因销售商品、提供劳务等而收到的商业汇票。该账户借方登记企业收到的应收票据；贷方登记票据到期收回的票面金额和持未到期票据向银行贴现的票面金额；月末借方余额表示尚未到期的应收票据金额。

5. “主营业务成本”账户

该账户属于损益类账户，是用来核算企业因销售商品、提供劳务等活动而发生的实际成本。该账户的借方登记已售商品、提供的各种劳务等的实际成本；贷方登记当月发生销售退回的商品成本和期末转入“本年利润”账户的当期销售成本，期末结转后该账户应无余额。

6. “其他业务成本”账户

该账户属于损益类账户，是用来核算企业其他业务所发生的各项支出。包括销售材料的成本、出租固定资产的折旧额、出租无形资产的摊销额、出租包装物的成本或摊销额。该账户的借方登记其他业务所发生的各项支出，贷方登记期末结转到“本年利润”账户的其他业务成本，结转以后该账户应无余额。

7. “税金及附加”账户

该账户属于损益类账户，是用来核算企业日常经营活动应负担的税金及附加。包括消费税、城市维护建设税、教育费附加、资源税、土地增值税、房产税、车船税、土地使用税和印花税等。该账户借方登记按照规定计算的与经营活动相关的税金及附加；贷方登记企业收到的先征后返的消费税等原记入本科目的各种税金，以及期末转入“本年利润”账户中的税金及附加。期末结转后本账户应无余额。

（二）核算销售过程

1. 售出商品，确认取得收入、结转销售成本的核算

一般情况下，企业销售商品，首先要考虑销售商品业务是否符合收入的确认条件。符合收入确认条件的，应及时确认收入。销售商品收入必须同时满足下列条件时，才能予以确认。

（1）企业已将商品所有权上的主要风险和报酬转移给购货方。

（2）企业既没有保留通常与所有权相联系的继续管理权，也没有对已售出的商品实施有效控制。

（3）收入的金额能够可靠计量。

（4）相关经济利益很可能流入企业。

（5）相关的、已发生的或将发生的成本能够可靠计量。

企业由于商品、产品等的销售而获得的经济利益的流入，一方面使得企业收入增加，同时按照我国税法规定，企业销售货物要缴纳增值税，在销售时应按不含税售价的一定比例计算增值税的销项税额，企业应交增值税增加；另一方面由于获得货币资金或形成收款权使企业资产增加。企业应按收入的确认原则和确定的金额借记“银行存款”“应收账款”“应收票据”等，贷记“主营业务收入”“应交税费——应交增值税（销项税额）”。若发生销售退回，则做相反的会计分录，借记“主营业务收入”，贷记“银行存款”“应收账款”及贷记“应交税费——应交增值税（销项税额）”（红字）等。

借：银行存款（应收账款、应收票据）　　不含税售价 + 税金

　　贷：主营业务收入　　不含税售价

　　　　应交税费——应交增值税（销项税额）　　不含税售价 ×16%

为了正确确定企业各会计期间的损益，应按照收入与费用配比的原则结转各期产品销售成本。企业应于月末根据本月销售各种商品、产品的实际成本，计算应结转的主营业务成本，借记“主营业务成本”，贷记“库存商品”等。

借：主营业务成本　　（实际成本）

　　贷：库存商品　　（实际成本）

【例 6-26】向和平公司出售 A 产品 1 200 件，每件不含税售价 100 元，计 120 000 元，按不含税售价 13% 计算并开出增值税专用发票注明销项税额为 15 600 元，款项收到，存入银行。

借：银行存款　　135 600

　　贷：主营业务收入　　120 000

　　　　应交税费——应交增值税（销项税额）　　15 600

【例 6-27】接上例，上述销售产品的成本为 80 000 元，结转 A 产品的销售成本。

借：主营业务成本　　80 000

　　贷：库存商品——A 产品　　80 000

2. 售出材料，确认取得收入、结转销售成本的核算

企业销售原材料等确认其他业务收入时，按售价和应收取的增值税，借记“银行存款”“应收账款”等，按实现的其他业务收入，贷记“其他业务收入”，按增值税专用发票上注明的增值税税额，贷记“应交税费——应交增值税（销项税额）”。结转出售原材料等的实际成本时，借记“其他业务成本”科目，贷记“原材料”等。

（1）确认收入。

借：银行存款（应收账款）　　　　　　　　　不含税售价 + 税金

　　贷：其他业务收入　　　　　　　　　　　不含税售价

　　　　应交税费——应交增值税（销项税额）　不含税售价 ×13%

（2）结转销售成本。

借：其他业务成本　　　　　　　　　　　　（实际成本）

　　贷：原材料　　　　　　　　　　　　　（实际成本）

【例 6-28】15 日，销售给盛大公司 B 材料 500 千克，每千克售价 20 元，计 10 000 元，增值税销项税额 1 300 元，款项尚未收到。

借：应收账款——盛大公司　　　　　　　　11 300

　　贷：其他业务收入　　　　　　　　　　　10 000

　　　　应交税费——应交增值税（销项税额）　1 300

【例 6-29】接上例，上述销售材料成本为 8 000 元，结转材料的成本。

借：其他业务成本　　　　　　　　　　　　8 000

　　贷：原材料——B 材料　　　　　　　　　8 000

3. 销售费用的核算

企业在销售过程中发生的运输费、装卸费、包装费、保险费、展览费和广告费均通过“销售费用”账户来归集，借记“销售费用”，贷记“库存现金”“银行存款”等。

【例 6-30】用银行存款支付产品销售广告费 3 000 元。

借：销售费用　　　　　　　　3 000

　　贷：银行存款　　　　　　　　3 000

4. 税金及附加的核算

为了正确核算企业日常活动中应负担的税金及附加，企业应于月末按照规定计算相关的税金，借记“税金及附加”，贷记“应交税费”。

借：税金及附加

　　贷：应交税费——应交城建税

　　　　　　　　——应交教育费附加

缴纳税金时，借记“应交税费”，贷记“银行存款”。

借：应交税费——应交城建税

　　　　　　——应交教育费附加

　　贷：银行存款

知识拓展

城市维护建设税是对从事工商经营、缴纳增值税和消费税的单位和个人征收的种税。城市维护建设税按照纳税人所在地的不同，税率分别规定为 7%、5%、1% 三个档次。不同地区的纳税人，实行不同档次的税率。城市维护建设税的计税依据是纳税人实际缴纳的增值税和消费税（简称“二税”）税额。其应纳税额的计算公式为：应纳税额 = 纳税人实际缴纳的“二税”税额 × 适用税率。

教育费附加是为发展地方性教育事业，扩大地方教育经费的资金来源而征收的一项专用基金。现行教育费附加的征收率为 3%。其应纳税额的计算公式为：应纳税额 = 实际缴纳的“二税”税额 ×3%。

【例 6-31】月末，根据本月产品销售应交的增值税 10 000 元，计算产品应交纳的城市维护建设税（税率 7%）和教育费附加（比例 3%）。

借：税金及附加　　1 000

　贷：应交税费——应交城建税　　700

　　　　　　——应交教育费附加　　300

【例 6-32】次月 3 日，用银行存款上交上月应交城建税 700 元和教育费附加 300 元。

借：应交税费——应交城建税　　700

　　　　　——应交教育费附加　　300

　贷：银行存款　　1 000

德育小课堂——延伸阅读

“税收大数据”背后的威力

在“税收大数据”面前，任何资产、收入、业务信息都是透明的。近年来，税务部门一直在加强大数据建设，金税三期在国地税合并的基础上，实现对税务系统全流程的全监控；金税四期，通过多数据汇总，实现了税务机关同各部委、人民银行及其他机构建立信息共享和核查机制。金税四期风险管理系统在挖掘纳税人涉税大数据的基础上，通过人工智能自我学习，建立纳税人画像，进行风险识别分析，查找出税收风险点，然后税务机关将风险点推送给纳税人进行自纠自查，没有珍惜机会的就会被处以重罚。

任务完成

晓芊说："张阿姨，我们今天刚学习过销售过程的核算，宣传单的印制费用是为了帮助销售，因此可以计入销售费用。"

任务五　核算利润与分配

任务导入

在包子铺正式经营的第一个月，张阿姨支付了一年的租金24 000元，买设备和桌椅板凳花费了36 000元，加盟获得两年的技术支持支付了12 000元，支付了水电费1 000、包子材料费3 000元和人工工资4 000元，经过一个月，张阿姨卖包子获得收入18 000元，到底张阿姨亏了还是赚了呢？面对这样的经营结果，张阿姨心生疑问，这一次，张阿姨决定去找专业的会计人员来帮包子铺理账。

企业在销售过程中收回的资金首先要用于补偿生产过程中的资金耗费，当所获得的收入大于费用支出时才形成利润，企业才能不断扩展地发展下去。按照会计分期的核算前提，企业有必要定期确定财务成果。

一、认识利润的构成

利润是指企业在一定会计期间的经营成果，包括收入减去费用后的净额、直接计入当期利润的利得和损失。其中收入减去费用后的净额反映的是企业日常活动的业绩，如销售商品收入、发生管理费用等；直接计入当期利润的利得和损失，是指应当计入当期损益、最终会引起所有者权益发生增减变动的、与所有者投入资本无关的或与向所有者分配利润无关的非日常活动的经济利益流入或者流出，如企业出售无形资产的收入、企业捐赠支出等，这些都被称为营业外收入和营业外支出。以上这些内容构成企业的利润总额。按照所得税法的规定，企业在一定时期形成的生产经营所得应按一定的标准计算缴纳所得税。企业利润总额扣除所得税费用后的差额才是企业的最终财务成果，即企业净利润。企业利润的具体构成可用下列公式分四个阶段进行计算。

营业利润＝营业收入－营业成本－税金及附加－销售费用－管理费用－财务费用－资产减值损失＋公允价值变动收益（－公允价值变动损失）＋投资收益（－投资损失）

其中：营业收入＝主营业务收入＋其他业务收入

营业成本 = 主营业务成本 + 其他业务成本

利润总额 = 营业利润 + 营业外收入 − 营业外支出

净利润 = 利润总额 − 所得税费用

德育小课堂——案例分析

胜通集团财务造假案

证监会公布了2021年资本市场20起典型违法案例，其中胜通集团信息披露违法违规案，是一起债券市场财务造假的典型案例。证监会调查发现，2013年至2017年期间，胜通集团通过编制虚假财务报表、直接修改经审计的财务报表等方式，连续5年将亏损披露为盈利，累计虚增收入615亿元，虚增利润119亿元。

2021年8月，证监会依法对胜通集团作出行政处罚及市场禁入决定。该案也是证监会横跨交易所和银行间两个债券市场开展执法的一起典型案例。2018年12月，人民银行、证监会、国家发改委联合发布《关于进一步加强债券市场执法工作的意见》明确规定，证监会依法对银行间、交易所债券市场违法行为统一开展执法，这有助于实现两个市场监管执法尺度的统一，也有利于形成监管合力，带来了债市监管力度的升级。

二、分配利润

企业实现的净利润，要按照国家有关法律规定和公司、企业章程的规定进行分配，一般分配程序为：

（1）弥补以前年度的亏损；

（2）提取（10%）法定盈余公积金；

（3）提取任意盈余公积金；

（4）向投资者分配利润；

（5）留存一定未分配利润。

三、设置账户

1. “投资收益”账户

该账户属于损益类账户，用来核算企业对外投资所取得的收益或发生的损失。其贷方反映企业取得的投资收益，如债券利息收入、股票利息收益等；借方反映企业发生的投资损失；其余额应于月末全部转入“本年利润”账户；结转后账户无余额。该账户应按投资收益种类设置明细账户。

2.“营业外收入”账户

该账户属于损益类账户，用来核算企业发生的与生产经营无直接关系的各项收入，包括处置固定资产净收益、出售无形资产所有权净收益、罚款净收入等。其贷方反映本期发生的各项营业外收入；期末应将其贷方发生额总额从借方全部转入“本年利润”账户，结转后本账户无余额。该账户应按收入项目设置明细账。

3.“营业外支出”账户

该账户属于损益类账户，用来核算企业发生的与其生产经营无直接关系的各项支出，如固定资产盘亏、处置固定资产净损失、出售无形资产所有权净损失、罚款支出、捐赠支出、流动资产的非常损失等。其借方反映企业本期发生的各项营业外支出；期末应将其借方发生额总额全部从贷方转入“本年利润”账户；结转后本账户无余额。该账户应按支出项目设置明细账。

4.“所得税费用”账户

该账户属于损益类账户，用来核算企业按规定从本期损益中减去的所得税。其借方反映本期发生的所得税费用；贷方反映实际收到的所得税返还；其借方余额应于期末全部转入“本年利润”账户。结转后本账户余额。

5.“本年利润”账户

该账户属于所有者权益类账户，用来核算企业实现的净利润或发生的净亏损。其贷方反映期末转入的有关收入项目，如主营业务收入、其他业务收入、投资收益、营业外收入等；借方反映期末转入的各项支出，如主营业务成本、税金及附加、其他业务成本、销售费用、管理费用、财务费用、营业外支出、所得税费用等；年度终了应将本年收入和支出相抵后结出的本年实现的净利润或发生的亏损，即本账户的年末余额，全部从本账户转入“利润分配”账户；年终结账后本账户无余额。

6.“利润分配”账户

该账户属于所有者权益类账户，用来核算企业利润的分配和历年分配后的积存情况，或企业亏损的弥补和历年弥补后的积存情况。在企业实现盈利的情况下，其贷方反映年终转入的净利润；借方反映企业本年度的利润分配额；年终贷方余额表示企业历年累积的未分配利润。若为发生亏损的企业，则其借方反映年终转入的本年度发生的亏损额；贷方反映亏损的弥补数；年终借方余额反映企业历年累积的未弥补亏损。该账户应按利润分配项目设置明细账。

7. “盈余公积”账户

该账户属于所有者权益类账户，用来核算企业从净利润中提取的盈余公积。其贷方反映期末按一定比例计提的盈余公积；借方反映盈余公积的减少数，如转增资本、弥补亏损等；期末余额在贷方，表示企业提取的盈余公积余额。该账户应按盈余公积的种类设置明细账。

8. “应付股利”账户

该账户属于负债类账户，用来核算企业经董事会或股东大会，或类似机构决议确定分配的现金股利或利润。其贷方反映应支付的现金股利或利润；借方反映实际支付的现金股利或利润数；其余额在贷方，表示企业尚未支付的现金股利或利润。

四、核算利润的形成

1. 营业外收支的核算

借：银行存款等

　　贷：营业外收入

借：营业外支出

　　贷：银行存款等

【例 6-33】收到A公司的违法罚款利得 10 000 元转作营业外收入，并存入银行。

借：银行存款　　　　　　　　　　10 000

　　贷：营业外收入——罚款收入　　　　10 000

【例 6-34】公司用银行存款向灾区捐款 5 000 元。

借：营业外支出——捐赠支出　　　　5 000

　　贷：银行存款　　　　　　　　　　5 000

2. 投资收益的核算

借：银行存款等

　　贷：投资收益

【例 6-35】公司对外投资收到被投资单位分来的利润 20 000 元，存入银行。

借：银行存款　　　　　　　　　　20 000

　　贷：投资收益　　　　　　　　　　20 000

3. 损益类账户结转至“本年利润”的核算

（1）费用类账户转入“本年利润”。

借：本年利润

贷：主营业务成本

税金及附加

销售费用

管理费用

财务费用

营业外支出等

（2）收入类账户转入“本年利润”账户。

借：主营业务收入

其他业务收入

营业外收入

投资收益等

贷：本年利润

【例 6-36】月末，将损益类有关收入类账户的余额结转到“本年利润”账户，其中主营业务收入 120 000 元，其他业务收入 10 000 元，营业外收入 10 000 元，投资收益 20 000 元。

借：主营业务收入	120 000	
其他业务收入	10 000	
营业外收入	10 000	
投资收益	20 000	
贷：本年利润		160 000

【例 6-37】月末，将损益类有关支出类账户的余额结转到“本年利润”账户，其中主营业务成本 80 000 元，税金及附加 1 000 元，其他业务成本 8 000 元，销售费用 3 000 元，管理费用 42 400 元，财务费用 600 元，营业外支出 5 000 元。

借：本年利润	140 000	
贷：主营业务成本		80 000
税金及附加		1 000
其他业务成本		8 000
销售费用		3 000
管理费用		42 400
财务费用		600
营业外支出		5 000

4. 所得税费用的核算

应交所得税 = 应纳税所得额（利润总额）× 适用税率

知识拓展

企业所得税是指在我国境内，对企业和其他取得收入的组织来源于生产经营所得和其他所得征收的一种税。

企业所得税的适用税率如下：（1）基本税率为 25%。适用于居民企业和在我国境内设有机构、场所且所得与机构、场所有关联的非居民企业。（2）低税率为 20%。适用于在我国境内未设立机构、场所的，或者虽设立机构、场所但取得所得与其所设机构场所没有实际联系的非居民企业。（3）优惠税率。①符合条件的小型微利企业，减按 20% 的税率征收企业所得税。②国家需要重点扶持的高新技术企业，减按 15% 的税率征收企业所得税。

应纳税所得额是指在会计利润总额的基础上加或减按照税法规定调整的项目金额后的余额。其计算公式为：应纳税所得额 = 会计利润总额 ± 纳税调整项目金额。

应纳所得税税额等于应纳税所得额乘以适用税率。其基本计算公式为：应纳所得税税额 = 应纳税所得额 × 适用税率。

（1）计算应交所得税核算。

借：所得税费用

　　贷：应交税费——应交所得税

（2）结转所得税费用。

借：本年利润

　　贷：所得税费用

（3）缴纳所得税。

借：应交税费——应交所得税

　　贷：银行存款

【例 6-38】月末，按本月实现的利润总额 20 000 元，计算并结转应交纳的所得税（适用税率为 25%）。

应交所得税 = 应纳税所得额 ×25% = 20 000 ×25% = 5 000（元）

计算应交所得税核算	借：所得税费用	5 000	
	贷：应交税费——应交所得税		5 000
结转所得税费用	借：本年利润	5 000	
	贷：所得税费用		5 000

交纳所得税　　借：应交税费——应交所得税　　5 000

　　贷：银行存款　　5 000

5. 年末，结转全年累计实现的净利润

借：本年利润

　　贷：利润分配——未分配利润

亏损做相反的会计分录。

【例 6-39】年末，结转全年累计实现的净利润 500 000 元。

借：本年利润　　500 000

　　贷：利润分配——未分配利润　　500 000

五、核算利润分配

表 6-2　　核算利润分配

计提法定盈余公积	借：利润分配——提取法定盈余公积 　　贷：盈余公积——法定盈余公积
计提任意盈余公积	借：利润分配——提取任意盈余公积 　　贷：盈余公积——任意盈余公积
分配利润	借：利润分配——应付现金股利 　　贷：应付股利

【例 6-40】年末，按全年净利润的 10% 提取法定盈余公积 50 000 元。

借：利润分配——提取法定盈余公积　　50 000

　　贷：盈余公积——法定盈余公积　　50 000

【例 6-41】年末，按全年净利润的 5% 提取任意盈余公积 25 000 元。

借：利润分配——提取任意盈余公积　　25 000

　　贷：盈余公积——任意盈余公积　　25 000

【例 6-42】年末，经研究决定本年向投资者分配利润 200 000 元。

借：利润分配——应付现金股利　　200 000

　　贷：应付股利　　200 000

任务完成

根据包子铺的经营情况，专业的会计人员做出了以下的分析：

收入－费用＝利润

（1）收入 =18 000（元）

（2）费用

①租金 =24 000÷12=2 000（元）

②设备折旧 =36 000÷3 年 ÷12 个月 =1 000（元）（预估设备使用 3 年）

③技术费用摊销 =12 000÷2 年 ÷12 个月 =500（元）

④水电费 =1 000（元）

⑤人工费 =5 000（元）

费用 =2 000+1 000+500+1 000+5 000=9 500（元）

（3）利润 18 000－9 500=8 500（元）

项目小结

本项目主要内容为工业企业生产经营过程总分类核算的主要账户的用途和结构、会计分录正确编制企业主要经济业务的方法、界定利润总额的构成内容及计算方法，以及产品制造成本的计算方法和主要费用的分配方法等。

项目七　做好财产清查

项目目标

1. 了解财产清查的概念。
2. 弄清财产清查的种类。
3. 掌握财产清查的方法。
4. 知悉财产清查结果的账务处理。

项目导入

快到年底了，妈妈让晓苹帮忙给家里的超市进行财产清查。晓苹望着超市里琳琅满目的商品，不知道从何处下手。该从哪进行财产清查呢？财产清查的结果如何进行账务处理呢？晓苹只好去请教王老师！

任务一　知悉财产清查方法

一、认识财产清查

（一）理解财产清查的基本含义

财产清查就是通过对实物、库存现金的实地盘点和对银行存款、债权债务等往来款项的核对，来确定各项财产物资、货币资金、债权债务的实存数并查明实存数同账存数是否相符的一种专门方法。

造成各种财产账实不符的原因主要有以下几个方面：

（1）在收、发各项财产过程中，由于计量、检验不准确而发生品种、数量或质量上的差错。

（2）在财产发生增减变动时，没有填制凭证而登记入账；或者在填制凭证、登账时，发生计算或登记上的差错。

（3）在财产的保管过程中，受到气候等自然因素影响而发生的数量和质量上的变化。

（4）由于保管不善或工作人员失职发生的财产残损、变质与短缺，以及货币资金、债权债务的差错。

（5）由于不法分子营私舞弊，贪污盗窃等而造成的财产物资损失。

（6）因未达账项或拒付而引起单位之间账账不符等。

（二）了解清查财产的作用

第一，通过财产清查，可查明各项财产的实存数与账存数的差异，以及发生差异的原因及责任，及时按照规定把账存数调整为实存数，从而达到账实相符，保证会计资料的准确可靠。

第二，通过财产清查，可查明各种财产的结存和利用情况，可发现有无储备不足、积压、闲置等情况，以便采取措施，充分挖掘物资潜力，合理有效地利用企业的各项资源。

第三，通过财产清查，可查明各项财产有无短缺、毁损、变质、贪污盗窃等情况。对发现的问题应及时分析原因、追查责任，同时吸取教训，改进管理工作，切实保证各项财产物资的安全与完整。

二、把握财产清查的种类

1. 财产清查按照清查的范围不同，可分为全部清查和局部清查

全部清查是指对所有的财产进行全面的清查、盘点与核对。清查的内容主要是各种财产物资、货币资金和债权债务。具体包括以下内容：

（1）固定资产、原材料、在产品、库存商品、在途物资、委托其他单位加工、保管的物资、受托代保管物资等。

（2）库存现金、银行存款、在途货币资金、股票、债券等。

（3）应收账款、应付账款、其他应收款、其他应付款、各种银行借款等。

全部清查一般是在年终决算前、单位撤销、合并或改变隶属关系、联营和清产核资时进行，目的是保证会计报表信息的真实和准确。

局部清查是指对一部分财产进行的清查。具体清查对象应根据管理需要确定。

一般限于流动性较大又易于损耗的物资和比较贵重的财产。如企业的原材料、在产品、库存商品等，除年终全部清查外，还应在年内轮流盘点或重点抽查。各种贵重财产每月至少要清查一次；库存现金要每日清查一次；银行存款至少每月同银行核对一次；债权债务每年至少要核对两次。

2. 财产清查按照清查的时间不同，可分为定期清查和不定期清查

定期清查是指按计划在规定的时间内对财产进行的清查。一般是在月末、季末或年终结账前进行。

不定期清查是指事前不规定清查日期而临时进行的财产清查。因此，也称临时清查。

不定期清查一般在以下几种情况下进行：

（1）更换财产物资和库存现金保管人时；

（2）财产发生非常灾害或意外损失时；

（3）有关单位对企业进行审计查账时；

（4）企业关、停、并、转、清产核资、破产清算时。

定期清查和不定期清查的范围，可以是全部清查也可以是局部清查。

三、掌握财产清查的方法

（一）认识财产物资的盘存制度

盘存制度是指通过对实物的盘查、核对、确定物资的实际结存情况的一种制度。财产物资的盘存制度有两种,即“永续盘存制”和“实地盘存制”。财产物资的盘存制度如表 7-1 所示。

表 7-1　　财产物资的盘存制度

种类	永续盘存制	实地盘存制
定义	又称账面盘存制，是指在日常经济活动中，必须根据会计凭证对各项财产物资的增加和减少数在有关账簿中进行逐日逐笔地登记、反映，并随时结算出账面结存数额的一种盘存制度	是指在日常经济活动中，根据会计凭证对财产物资的增加数在有关账簿中进行逐笔登记，但不登记日常的减少数，期末结账时，根据实地盘点的实存数额倒挤出本期的减少数，并据此登记入账的一种盘存制度
计算公式	期末账面余额 = 期初账面余额 + 本期账面增加数合计 − 本期减少数合计	本期减少数 = 期初账面余额 + 本期账面增加数合计 − 本期盘点实际结存数
优点	可以及时记录和了解财产物资的账面结存数，有利于加强管理，被广泛采用	核算工作简单
缺点	会计核算工作量大	不能及时了解和掌握日常财产物资的账面结存额和财产物资的溢缺情况，且手续不严密，不利于管理，一般不宜采用

（二）做好财产清查的准备工作

财产清查是一项时间紧、涉及面广、工作量大、细致复杂的工作，在进行清查之前，特别是在全面清查和定期清查之前，必须做好准备工作。

（1）制订财产清查的具体实施计划，确定清查的对象、范围、时间和方法步骤，确定参加清查人员的分工、职责。做好清查的检查监督工作，并及时将清查结果总结、整理，以书面报告形式上报主管部门审批。准备好清查所需的各种计量器具和清查结果的登记表册。

（2）财产清查之前，会计人员将发生的经济业务在账簿中全部登记完毕，结出余额。经审查核对确认账簿记录完整，计算准确，做到账证相符、账账相符，以便为财产清查提供真实可靠的账面资料。

（3）财产物资使用和保管的部门、人员应对截至清查日期的所有经济业务，办理好凭证手续并登入相应的账、卡中，结出余额。对使用、保管的各类财产物资整理排列清楚，挂上标签，标明品种、规格和结存数量，以便盘点核对。

（4）对银行存款、银行借款、往来款项，在清查之前，应及时与对方联系，取得对方的有关账单，或将本单位的对账单（有关账簿记录的复写账页）寄给对方，以便进行核查。

党的二十大指出：经过不懈努力，党找到了自我革命这一跳出治乱兴衰历史周期率的第二个答案，自我净化、自我完善、自我革新、自我提高能力显著增强，管党治党宽松软状况得到根本扭转，风清气正的党内政治生态不断形成和发展，确保党永远不变质、不变色、不变味。财产清查亦如此，清查前需要做好相关准备工作，将账存数再次计算、核对、改错，再根据清查对象的不同进行方法的选择，在盘点实存数时做到客观公正，坚持完善制度、加强管理、创新方法、自我完善和提高。

（三）学会财产清查的方法

由于企业财产种类较多，各有特点，因此在清查时要采用不同的方法。

1. 实物的清查方法

（1）实地盘点法。

到实物保管现场，通过点数、过磅、量尺等方法来确定实物的实存数量的方法。

（2）技术测定法。

将实物整理成近似某种几何体，然后测量出体积，据以计算出实物数量的方法。

2. 货币资金的清查方法

（1）库存现金的清查方法。

库存现金的清查方法应采用实地盘点法。先确定库存现金的实有数，再与库存现金日记账的结余额进行核对，以查明账实是否相符。

（2）银行存款的清查方法。

银行存款的清查方法与实物和库存现金的清查方法不同，它是采取与银行核对账目的方法进行的。核对前应把截至清查日所有银行存款的收付业务登记入账，然后与银行开来的记录本单位银行存款收、支、结余情况的对账单逐笔核对，如发生错账、漏账，应查清原因及时更正。但即使在双方记账均无差错的情况下，也往往会出现双方的余额不相一致的情况。这主要是由于未达账项引起的。

未达账项是指企业与银行之间，由于凭证传递上的时间差，一方已收到结算凭证已登记入账，而另一方尚未收到结算凭证尚未登记入账的款项。具体有以下四种情况。

①企业已收，银行未收的款项。如企业销售产品收到支票，送存银行后即可根据银行盖章退回的“进账单”回单联记银行存款的增加，而银行则要等款项收妥后才能记增加，如果此时对账，就形成了企业已收款入账，银行尚未收款入账的款项。

②企业已付，银行未付的款项。如企业开出一张支票支付购料款，企业可根据支票存根、发票及收料单等记银行存款的减少，而这时银行由于未接到支付款项的凭证而尚未记银行存款减少，如果此时对账，就形成了企业已付款入账，银行尚未付款入账的款项。

③银行已收，企业未收的款项。如外地某单位给企业汇来货款，银行收到汇款单后，登记企业银行存款增加，企业由于未收到汇款凭证尚未记银行存款增加，如果此时对账就形成了银行已收款入账，企业尚未收款入账的款项。

④银行已付，企业未付的款项。如银行代企业支付款项，银行已取得支付款项的凭证记银行存款的减少，企业由于未接到凭证尚未记银行存款减少，如果此时对账，就形成了银行已付款入账，企业尚未付款入账的款项。

【例 7-1】某公司 2021 年 8 月 31 日银行存款日记账的余额为 560 000 元，银行转来对账单的余额为 740 000 元，经过逐笔核对发现有下列未达账项：

①企业收到销货款 20 000 元，已记银行存款增加，银行尚未记增加；

②企业支付购料款 180 000 元，已记银行存款减少，银行尚未记减少；

③银行代收某公司汇来购货款 100 000 元，银行已登记存款增加，企业尚未记增加；

④银行代企业支付购料款 80 000 元，银行已登记存款减少，企业尚未记减少。

根据以上资料编制银行存款余额调节表如表 7-2 所示。

表 7-2　　银行存款余额调节表

2021 年 8 月 31 日　　单位：元

项　目	金　额	项　目	金　额
企业银行存款日记账余额	560 000	银行对账单余额	740 000
加：银行已收企业未收款	100 000	加：企业已收银行未收款	20 000
减：银行已付企业未付款	80 000	减：企业已付银行未付款	180 000
调节后的存款余额	580 000	调节后的存款余额	580 000

调整后的存款余额相等，一般情况下可以说明双方账面记录无误，如果调整后的存款余额不等，说明双方账面记录有差错，需进一步核对账目，查找原因，并加以更正。调节后的存款余额表明企业可以支用的银行存款实有数额。调整记录不能作为单位调整账面记录的依据，只在收到有关凭证后，才能据以做账务处理。

（3）债权债务的清查。

对于债权、债务各项目的清查，应采取与对方核对账目的方法。在保证本单位所记账目正确完整的基础上，编制对账单，派人或发函与对方进行核对。

德育小课堂

宏达公司的出纳是新入职的小李。单位在对现金清查过程中，发现现金短缺严重。原来小李在平常工作中，没有按规定对现金每日进行盘点。现金收发频繁，现如今根本无法查明现金短缺原因。财务主管狠狠批评了小李，小李主动对公司损失进行了赔偿。同学们，请结合党的二十大相关精神，想一想出纳小李犯了哪些错误，对你有什么警示呢？

任务二　处理财产清查结果

一、设置“待处理财产损溢”账户

“待处理财产损溢”账户是用来核算企业在财产清查过程中查明的各种财产盘盈、盘亏和毁损价值的账户。该账户的借方登记各种财产盘亏、毁损数及按规定程序批准的盘盈转销数；贷方登记各种财产的盘盈数及按规定程序批准的盘亏、毁损转销数；处理前的借方余额，反映企业尚未处理的各种财产的净损失；处理前的贷方余额，反映企业尚未处理的各种财产的净溢余。期末处理后，本账户应无余额。该账户属于双重性质的账户。在该账户下应设置“待处理固定资产损溢”和“待处理流动资产损溢”两个明细分类账户进行明细核算。

注：固定资产盘盈的核算不再通过此账户，而是在报批前先通过“以前年度损益调整”科目核算。

现举例说明财产清查结果的账务处理方法。

（一）掌握财产盘盈的财务处理

【例7-2】某公司在财产清查中，发现E材料盘盈1 000千克，价值5 000元。

1．财产清查中发现材料盘盈应先调整账面记录，做到账实相符，根据“实存账存对比表”

作会计分录如下：

借：原材料——E 材料　　5 000

　　贷：待处理财产损溢

　　　　——待处理流动资产损溢　　5 000

2．上述 E 材料盘盈经董事会批准后予以转销。

经查明E材料的盘盈是由于计量不准造成的，经董事会批准，直接冲减期间费用计入"管理费用"账户，根据批准文件作会计分录如下：

借：待处理财产损溢

　　——待处理流动资产损溢　　5 000

　　贷：管理费用　　5 000

【例 7-3】某公司在财产清查中，发现账外设备一台，其重置价值为 30 000 元（假定与计税基础不存在差异），根据会计准则规定，该盘盈固定资产作为前期差错进行处理。假定该公司适用的所得税税率为 25%，按净利润的 10% 计提法定盈余公积金。则分录如下：

1．盘盈固定资产

借：固定资产　　30 000

　　贷：以前年度损益调整　　30 000

2．确定应交的所得税

借：以前年度损益调整　　7 500

　　贷：应交税费——应交所得税　　7 500

3．结转为留存收益

借：以前年度损益调整　　22 500

　　贷：盈余公积——法定盈余公积　　2 250

　　　　利润分配——未分配利润　　20 250

（二）把握财产盘亏的财务处理

【例 7-4】某公司在清查盘点库存现金时，发现短缺 800 元，其中 500 元系由出纳员过失造成，300 元系无法查明的其他原因造成。

1．财产清查中发现库存现金短缺应先调整账簿记录，做到账实相符，根据"库存现金盘点报告表"作会计分录如下：

借：待处理财产损溢

　　——待处理流动资产损溢　　800

　　贷：库存现金　　800

2．上述现金短缺经董事会批准后予以转销。

根据批准文件短缺现金应由出纳员赔偿500元，其余300元记入“管理费用”作会计分录如下：

借：其他应收款

——应收现金短缺款　　500

管理费用　　300

贷：待处理财产损溢

——待处理流动资产损溢　　800

【例7-5】某公司在财产清查中，发现B材料短缺和毁损价值7 000元。

1．在清查中发现盘亏材料，在报经批准前应先调整账面记录，使账实相符，根据“实存账存对比表”作会计分录如下：

借：待处理财产损溢

——待处理流动资产损溢　　7 000

贷：原材料——B材料　　7 000

2.上项盘亏的材料,报经批准后予以转销。材料盘亏,报经董事会批准分别做如下处理：

A．材料短缺的800元由过失人赔偿。

B．由于非常灾害造成的材料毁损3 500元，列入“营业外支出”。

C．2 700元材料短缺是由于经营不善造成的，列入“管理费用”。

根据上述处理意见，作会计分录如下：

借：其他应收款

——应收材料短缺款　　800

营业外支出　　3 500

管理费用　　2 700

贷：待处理财产损溢

——待处理流动资产损溢　　7 000

【例7-6】某公司在财产清查中发现短缺设备一台,原价80 000元,已提折旧20 000元。

1．发现盘亏固定资产，报经批准前应先调整账面记录。应作会计分录如下：

借：待处理财产损溢

——待处理固定资产损溢　　60 000

累计折旧　　20 000

贷：固定资产　　80 000

2．经董事会批准盘亏设备列入“营业外支出”处理。根据批准文件作会计分录如下：

借：营业外支出　　60 000

贷：待处理财产损溢

——待处理固定资产损溢　　　　　　　　60 000

需要指出的是，如果企业清查的各种财产的损溢，在期末结账前尚未批准，应在对外提供财务会计报告时先按上述规定进行处理，并在会计报表附注中做出说明；如果其后批准处理的金额与已处理的金额不一致的，应调整会计报表相关项目的年初数。

德育小课堂

宏达公司在财产清查过程中，发现现金盘盈 55 元，原材料盘盈 1 340 元。小李在进行相应处理时，将相关盘盈金额全部进入营业外收入。会计主管在审查时发现问题，他告诉小李，无法查明原因的现金盘盈应该计入营业外收入，原材料盘盈主要是因为收发计量上的误差，应该冲减管理费用。小李按照要求进行了更正。很后悔自己在以前的学习中偷懒，没有认真掌握相关会计处理方法，决心以后认真钻研会计知识，正确掌握会计核算方法。

项目小结

晓芊通过向王老师学习，了解了财产清查的概念和种类，掌握了财产清查的方法，知悉了财产清查结果的账务处理方法，回到家里配合会计赵丽把自家超市财产账目打理得清清楚楚，看到女儿这么能干，晓芊的妈妈别提有多高兴了。

项目八　把握账务处理程序

项目目标

1. 掌握记账凭证账务处理程序的方法、优缺点及适用范围。
2. 掌握汇总记账凭证账务处理程序的方法、优缺点及适用范围。
3. 掌握科目汇总表账务处理程序的方法、优缺点及适用范围。
4. 掌握三种账务处理程序的相同点与不同点。

项目导入

学期过了大半，今日晓苹和会计系的同学们一起参加了学校组织的活动，来到本市一家上市公司的会计办公室参观学习，出纳员王芳热情地接待了他们。经公司同意，王芳将近期尚未归档的原始凭证、记账凭证、账簿、报表拿出来供晓苹及同学们观摩，各种各样的会计资料堆满了一整张桌子。同学们都在本学期学习过原始凭证、记账凭证、会计账簿，非常熟悉，报表也不陌生。晓苹好奇地问指导老师刘老师："刘老师，这么多账簿、凭证、报表是怎样结合起来的呢？"

如果说会计凭证、会计账簿、会计报告是三颗珍珠，项目八中所要学习的内容就是一根线，将这三颗珍珠串连起来。

账务处理程序是指在会计循环中，会计主体采用的会计凭证、会计账簿、会计报表的种类和格式与记账程序有机结合的方法和步骤。本项目学习三种账务处理程序，分别是记账凭证账务处理程序、汇总记账凭证账务处理程序、科目汇总表账务处理程序。

党的二十大指出：强化企业科技创新主体地位，发挥科技型骨干企业引领支撑作用，营造有利于科技型中小型企业成长的良好环境，推动创新产业链资金链人才链深度融合。日常实务中，小企业的账务处理与企业的账务处理有所不同，相关会计人员需拥有扎实的理论知识和实训技能，在工作中不断优化工作方法，搞好会计服务。在本章的学习中，请同学们思考，小企业的账务处理和企业的账务处理有什么不同之处？

任务一　知悉记账凭证账务处理程序

一、认识记账凭证账务处理程序的概念

记账凭证账务处理程序是根据记账凭证，直接逐笔登记总分类账的一种账务处理程序。

二、掌握记账凭证账务处理程序流程

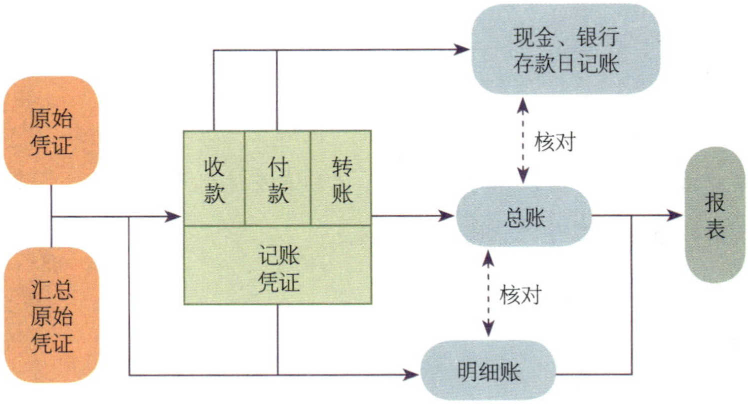

图 8-1　记账凭证账务处理程序流程

三、知悉记账凭证账务处理程序的优缺点

特点：是最基本的账务处理程序，直接根据各种记账凭证逐笔登记总分类账。

优点：简单明了，易于理解，总分类账可以详细地反映经济业务的发生情况。

缺点：登记总分类账的工作量较大。

适用范围：只适用于一些规模较小，经济业务较少的单位。

德育小课堂

记账凭证账务处理程序的起点是原始凭证。首先，根据原始凭证编制记账凭证。其次，根据记账凭证编制现金、银行存款日记账，总账及明细账。最后，根据总账、明细账编制报表。报表最后呈现给企业管理层、投资者、政府部门和社会公众。报表要真实完整准确，那么作为起点的原始凭证必须真实准确。不做假账，从原始凭证开始。

任务二　把握汇总记账凭证账务处理程序

一、了解汇总记账凭证账务处理程序的概念

汇总记账凭证账务处理程序是根据记账凭证定期编制汇总记账凭证，并据以登记总分类账的一种会计核算形式。

二、学会汇总记账凭证的编制方法

汇总收款凭证根据收款凭证，分别以库存现金、银行存款科目的借方设置，并按相应的贷方科目归类汇总。

汇总付款凭证根据付款凭证，分别以库存现金、银行存款科目的贷方设置，并按相应的借方科目归类汇总。

汇总转账凭证按每一贷方科目分别设置。（尽可能避免一借多贷或多借多贷）

（一）汇总收款凭证的编制方法

基本方法：按借方科目（库存现金、银行存款）设置，按它们相应的贷方科目定期（按旬等）汇总，计算出每一个贷方科目合计数，填入汇总收款凭证中。

（二）汇总付款凭证的编制方法

基本方法：按贷方科目（现金、银行存款）设置，按它们相应的借方科目定期（按旬等）汇总，计算出每一个借方科目合计数，填入汇总付款凭证中。

注意事项：为了便于汇总收款凭证，在编制收款凭证的会计分录时，会计分录形式最好是一借一贷、一借多贷，不要多借一贷或多借多贷。

（三）汇总转账凭证的编制方法

基本方法：按贷方科目（原材料、固定资产等）设置，按它们相应的借方科目定期（按旬等）汇总，计算出每一个借方科目合计数，填入汇总转账凭证中。

注意事项：为便于汇总转账凭证的编制，在编制收款凭证的会计分录时，会计分录形式最好是一借一贷、多借一贷，不要一借多贷或多借多贷。

三、掌握汇总记账凭证账务处理程序流程

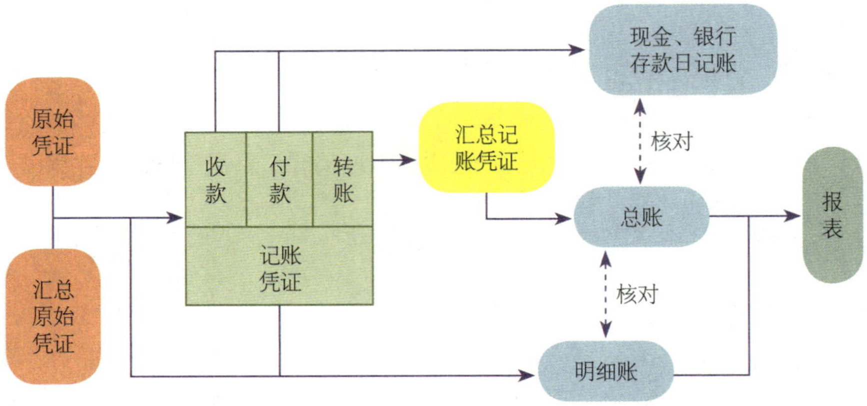

图 8-2 汇总记账凭证账务处理程序流程

四、知悉汇总记账凭证账务处理程序的优缺点

特点：定期（5 天、10 天或 15 天）将全部记账凭证按收款凭证、付款凭证和转账凭证分别归类编制成汇总记账凭证，然后再根据汇总记账凭证登记总分类账。

优点：便于了解账户之间的对应关系，了解经济业务的来龙去脉，便于查对账目；减轻了登记总分类账的工作量。

缺点：汇总转账凭证是按每一贷方科目设置，不是按经济业务的性质归类、汇总，不利于会计核算的日常分工。转账凭证较多时，编制汇总转账凭证的工作量较大。

适用范围：通常适用于一些规模大，经济业务较多的单位。

德育小课堂

宏达公司采用汇总记账凭证账务处理程序。月末小李需要编制汇总收款凭证，汇总付款凭证和汇总转账凭证。这时小李才发现编制汇总记账凭证的工作量巨大，加了好几天的班才完成。会计主管告诉小李，汇总记账凭证不能在月末才编制，应该根据企业业务量，5 天、10 天或 15 天定期编制汇总记账凭证。全部拖到后面，自然工作量巨大，也容易出现错误。会计工作繁琐，凭证众多，需要及时处理。小李明白了会计工作是容不得偷懒拖延的。

任务三　掌握科目汇总表账务处理程序

一、了解科目汇总表账务处理程序的概念

科目汇总表账务处理程序是根据记账凭证定期编制科目汇总表，并据以登记总分类账的一种会计核算形式。

二、学会科目汇总表的编制方法

科目汇总表也是一种记账凭证，它是根据收款凭证、付款凭证和转账凭证，按照相同的科目归类，定期（一月或旬）汇总计算每一总账科目的借方发生额和贷方发生额，填入表内，全部科目的借方发生额合计数应与贷方发生额合计数相等。

科目汇总表（1）

2021 年 4 月 1 日至 10

会计科目	本期发生额		总账页数	
	借　方	贷　方		
库存现金 银行存款 应收账款 短期借款 应付账款 应交税金 制造费用 主营业务收入 营业费用 管理费用	1 500.00 219 700.00 95 600.00 50 000.00 60 800 00.00 49 380.00 7 000.00 20 520.00	2 000.00 178 600.00 72 780.00 287 120.00	略	1. 现金收款凭证：第 1 号至 21 号； 2. 现金付款凭证：第 1 号至 34 号； 3. 银行存款收款凭证：第 1 号至 27 号； 4. 银行存款付款凭证：第 1 号至 32 号； 5. 转账凭证：第 1 号至 10 号。
合　计	540 500.00	540 500.00		

汇总时间根据业务量的多少而定，一般是每月汇总一次，业务量大的单位可按旬汇总。

图 8–3　科目汇总表的编制方法

为了便于编制科目汇总表，平时编制记账凭证时，应尽可能使账户对应关系保持“一借一贷”，避免“一借多贷”“一贷多借”和“多借多贷”。

为了便于登记总账和核对检查，会计科目的顺序排列与总账的排列顺序一致为好。

三、掌握科目汇总表账务处理程序流程

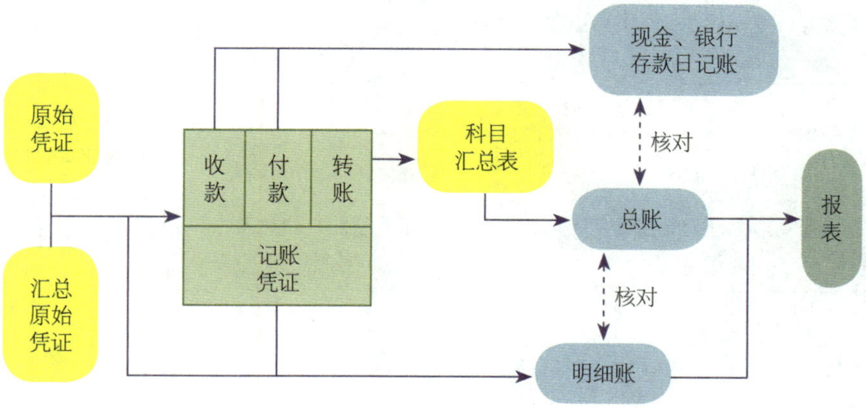

图 8–4　科目汇总表账务处理程序流程

四、知悉科目汇总表账务处理程序的优缺点

特点：定期将所有的记账凭证编制成科目汇总表，然后再根据科目汇总表登记总分类账。

优点：减轻了登记总分类账的工作量，并可做到试算平衡，简明易懂，方便易学。

缺点：按照相同科目归类编制的科目汇总表只反映各科目的借方本期发生额和贷方本期发生额，不能反映账户的对应关系，不便于查对账目。

适用范围：一般适用于业务较多的单位。

德育小课堂

宏达公司采用科目汇总表账务处理程序，小李在编制科目汇总表时，发现借方合计不等于贷方合计。他用了一整天时间找原因，终于发现是一张记账凭证编制错了。可见，会计人员在编制记账凭证、登记账簿、编制科目汇总表、编制报表时，需要认真谨慎。会计各个核算环节相互关联，组成一个有机的整体，一步错，步步错。一旦发现错误，返工找问题将是一个大工程。

项目小结

晓苹通过对本项目的学习，带领同学们把三种账务处理程序的适用范围、优缺点进行了总结归纳，具体如表 8-1 所示。

表 8-1　账务处理程序总结

内容种类	优点	缺点	适用范围
记账凭证账务处理程序	简单明了，总分类账可以较详细地反映经济业务的发生情况	登记总分类账的工作量较大	规模较小、经济业务较少的单位
汇总记账凭证账务处理程序	减轻了登记总分类账的工作量，便于了解账户之间的对应关系，便于查对账目	不利于会计核算的日常分工，当转账凭证较多时，编制汇总转账凭证的工作量较大	规模较大、经济业务较多的单位
科目汇总表账务处理程序	减轻了登记总分类账的工作量，并可做到试算平衡	不能反映账户的对应关系，不便于查对账目	经济业务较多的单位

项目九　编写财务报告

项目目标

1. 了解财务报告的概念。
2. 了解财务报告的目标。
3. 理解财务报告的分类。
4. 掌握资产负债表的编制。
5. 掌握利润表的编制。

项目导入

晓苹和班里的其他同学学习了各种不同的会计核算方法，学会了核算一个单位当月发生的会计业务，他们能够根据审核无误的原始凭证填制记账凭证，再根据会计凭证熟练登记各种账簿。马上要编制会计报表了，同学们别提有多高兴了。

任务一　编写财务报告

一、了解财务报告的概念

财务报告也叫财务会计报告，是指企业对外提供的反映企业某一特定日期的财务状况和某一会计期间的经营成果、现金流量等会计信息的文件。

财务会计报告包括会计报表及其附注和其他应当在财务会计报告中披露的相关信息和资料。会计报表至少应当包括资产负债表、利润表、现金流量表等报表。小企业编制的会计报表可以不包括现金流量表。

二、知悉财务会计报告的目标

企业编制财务会计报告的目标，是向财务报告使用者提供与企业财务状况、经营成果和现金流量等有关的会计信息，反映企业管理层受托责任履行情况，有助于财务报告使用者做出经营决策。财务报告使用者通常包括投资者、债权人、政府及其有关部门和社会公众等。

财务会计报告是企业财务会计确认与计量的最终结果体现，是向投资者等财务报告使用者提供决策有用信息的媒介和渠道，是沟通投资者、债权人等使用者与企业管理层之间信息的桥梁与纽带。

财务会计报告包括财务报表、附注和其他应当在财务会计报告中披露的相关信息和资料。财务报表是财务会计报告的核心内容。

三、弄清财务会计报告的种类

财务会计报告的分类主要是指会计报表的分类。会计报表可按如下标准进行分类。

（一）按会计报表反映的经济内容分类

按会计报表反映的经济内容的不同，可以分为静态会计报表和动态会计报表。静态报表是指综合反映企业某一特定日期资产、负债和所有者权益状况的报表，如资产负债表；动态报表是指综合反映企业一定期间的经营成果或现金流量情况的报表，如利润表、现金流量表。

（二）按会计报表的报送对象分类

按会计报表报送对象的不同，可以分为对内报表和对外报表。对内报表是指为满足企业内部经营管理需要而编制的会计报表，由于无须对外公开，所以没有规定统一的格式和编制要求；对外报表是指企业对外提供的会计报表，主要供投资者、债权人、政府部门和社会公众等有关方面使用，《企业会计准则》对其规定了统一的格式和编制要求，如资产负债表、利润表等。

（三）按会计报表的编制时间分类

按会计报表编制时间的不同，可以分为月报、季报、半年报和年报。其中，月报要求简明扼要、及时反映；年报要求揭示完整、反映全面；季报和半年报在披露会计信息的详细程度方面，则介于二者之间。半年报、季报和月报统称为中期财务会计报告。季度和月度财务会计报告仅指会计报表，但国家另有要求的，则应按国家要求增加相关资料。

（四）按会计报表的编制单位分类

按会计报表编制单位的不同，可以分为单位报表和合并报表。单位报表是指由企业在自身会计核算的基础上，对账簿记录进行汇总编制的会计报表；合并报表是指以母公司和子公司组成的企业集团为会计主体，根据母公司和所属子公司的会计报表，由母公司编制的综合反映企业集团财务状况、经营成果及现金流量的会计报表。

四、了解财务会计报告的编制要求

财务会计报告应当根据记录完整、审核无误的账簿记录和其他有关资料编制，做到数字真实、计算准确、内容完整、报送及时。

数字真实要求会计报表中的各项数字必须以调整、核实相符后的账簿记录为依据填列，不得使用估计或推算数字，更不得弄虚作假，以保证报表数字的真实性、客观性。

计算准确要求会计报表中的各项数据计算应准确无误。

内容完整要求在不同时期报送的各种会计报表必须按规定的要求编制齐全，每种报表本身包括的各个项目及补充资料必须详细填列齐全。

报送及时要求报表按规定的时间和程序编制和报送，保证报表信息的时效性。

为了使企业的财务会计报告具有可靠性、公正性和准确性，财务会计报告应由中国注册会计师进行审计、签证，并出具审计报告，表达审计意见，以保证单位出具的财务会计报告的公正与客观。

在实际工作中，由于财务会计报告编制涉及前后关联的数据很多，需要整理和收集，对初学者有一定的难度。为方便初学者对会计报表有一个基本了解，本章只对资产负债表和利润表做一些简单的介绍，涉及的事例也都是经过一定整理后的数据，以期对会计报表数据来源与填报有一个基本掌握。

党的二十大报告中指出：弘扬社会主义法治精神，传承中华优秀传统法律文化，引导全体人民做社会主义法治的忠实崇尚者、自觉遵守者、坚定捍卫者。目前，有些企业出现财务报表舞弊的案件，虚增收入、虚增营业利润等情况也时有发生，这些企业的法律意识尚有待提高。同时，也警醒着各企业的会计人员，应时刻保持清醒的头脑，熟悉法规，依法办事。

知识拓展

根据《会计档案管理办法》第十一条当年形成的会计档案，在会计年度终了后，可由单位会计管理机构临时保管一年，再移交单位档案管理机构保管。因工作需要确需推迟移交的，应当经单位档案管理机构同意。

单位会计管理机构临时保管会计档案最长不超过三年。临时保管期间，会计档案的保管应当符合国家档案管理的有关规定，且出纳人员不得兼管会计档案。

第十四条会计档案的保管期限分为永久、定期两类。定期保管期限一般分为 10 年和 30 年。

会计档案的保管期限，从会计年度终了后的第一天算起。

任务二　编制资产负债表

德育小课堂

财务报告为报告使用者提供企业财务状况、经营成果、现金流量的相关信息，有助于财务报告使用者对企业过去、现在或未来的情况作出评价或预测。财务报告必须真实完整可靠。党的二十大报告指出：培养造就德才兼备的高素质人才，是国家和民族长远发展大计。会计人员必须做到诚信为本，操守为重，坚持准则，不做假账。

一、知悉资产负债表的作用

（一）了解资产负债表的概念

资产负债表是反映企业在某一特定日期（如月末、季末、半年末或年末）的财务状况的报表，即由某一企业资产、负债和所有者权益构成的会计报表。

（二）知悉资产负债表的作用

资产负债表是单位投资者和债权人最为关心的重要报表之一。其作用表现在以下四个方面。

第一，反映企业资产的构成及其状况，表明企业在某一日期所拥有的经济资源及其分布情况。资产代表企业的经济资源，是企业经营的基础，资产总量的高低一定程度上可以说明企业的经营规模和盈利基础大小，企业的资产结构反映其生产经营过程的特点，有利于报表使用者进一步分析企业生产经营的稳定性。

第二，可以反映企业某一日期的负债总额及其结构，分析企业当前与未来需要支付的债务数额。负债总额表示企业承担的债务的多少，负债和所有者权益的比重反映了企业的财务安全程度。负债结构反映了企业偿还负债的紧迫性和偿债压力的大小，通过资产负债表可以了解企业负债的基本信息。

第三，可以反映企业所有者权益的情况，了解企业现有投资者在企业投资总额中所占的份额。实收资本和留存收益是所有者权益的重要内容，反映了企业投资者对企业的初始投入和资本累计的多少，也反映了企业的资本结构和财务实力，有助于报表使用者分析、预测企业生产经营安全程度和抵御风险的能力。

第四，通过对前后期的资产负债表比较分析，可以了解企业的发展变化趋势，便于投资者和债权人进行正确的经营决策、投资决策和筹资决策。

二、认识资产负债表的结构

在我国，《企业会计准则》规定资产负债表采用账户式结构，分左右两边，左边列示资产，右边列示负债和所有者权益。左边资产各项的合计等于右边负债和所有者权益各项的合计。资产负债表的基本格式和内容见表 9-1。

表 9-1　资产负债表

编制单位：　　　　年　月　日　　　　单位：元

资　产	期末余额	年初余额	负债和所有者权益	期末余额	年初余额
流动资产：			流动负债：		
货币资金			短期借款		
交易性金融资产			交易性金融负债		
应收票据			应付票据		
应收账款			应付账款		
预付款项			预收款项		
其他应收款			应付职工薪酬		
存货			应交税费		
一年内到期的非流动资产			其他应付款		
其他流动资产			一年内到期的非流动负债		

续表

资　　产	期末余额	年初余额	负债和所有者权益	期末余额	年初余额
流动资产合计			其他流动负债		
非流动资产：			流动负债合计		
债权投资			非流动负债：		
其他债权投资			长期借款		
长期应收款			应付债券		
长期股权投资			长期应付款		
投资性房地产			预计负债		
固定资产			递延所得税负债		
在建工程			其他非流动负债		
生产性生物资产			非流动负债合计		
油气资产			负债合计		
无形资产			所有者权益：		
开发支出			实收资本（或股本）		
商誉			资本公积		
长期待摊费用			减：库存股		
递延所得税资产			其他综合收益		
其他非流动资产			盈余公积		
非流动资产合计			未分配利润		
			所有者权益合计		
资产总计			负债和所有者权益总计		

三、掌握资产负债表的编制方法

资产负债表的日期填列为报告期中的某一天日期，一般为月末、季末、半年末或年末，如2021年7月31日。资产负债表列示企业资产、负债和所有者权益三类账户的余额。所以，资产负债表是在会计期间终了时，由会计人员办理调整与结账之后，按总分类账户和有关明细分类账户上资产、负债和所有者权益三类账户的余额汇编而成。资产负债表中余额分为“年初余额”和“期末余额”两列。

（一）“年初余额”填列方法

资产负债表的“年初余额”栏内各项目数字，应根据上年末资产负债表“期末余额”栏内所列数据填列。如果本年度资产负债表规定的各个项目的名称和内容与上年度不一致，应对上年年末资产负债表各项目的名称和数字按照本年度的规定进行调整，按调整后的数字填入本年度“年初余额”栏内。如 2021 年 1 月末的资产负债表，其“年初余额”栏应根据 2020 年末资产负债表中余额分析填列；2021 年 2 月末的资产负债表，其“年初余额”栏同样应根据 2020 年末资产负债表中余额分析填列，依此类推。

（二）“期末余额”填列方法

“期末余额”是指某一会计期末余额，如月末、季末、半年末和年末的余额。应根据资产、负债和所有者权益各有关账户的期末余额进行填列。具体填列方法如下。

1. 资产类

（1）“货币资金”项目：应根据“库存现金”“银行存款”和“其他货币资金”（外埠存款、银行汇票存款、银行本票存款、信用卡存款、信用金保证金存款等）总账账户期末余额合计数填列。

（2）“交易性金融资产”项目：应根据“交易性金融资产”（债券投资、股票投资、基金投资）总账账户期末余额填列。

（3）“应收票据”项目：应根据“应收票据”总账账户期末余额填列。

（4）“应收账款”项目：应根据“应收账款”“预收账款”各明细账户借方余额合计数减去相应“坏账准备”账户中的余额后填列。

（5）“预付款项”项目：应根据“预付账款”“应付账款”各明细账户借方余额合计数减去“坏账准备”账户中相应余额后的净额填列。

（6）“其他应收款”项目：应根据“应收利息”“应收股利”及“其他应收款”总账账户期末余额合计数减去相应“坏账准备”账户中的余额后填列。

扫描二维码
观看微课

（7）“存货”项目：应根据“在途物资”“原材料”“材料采购”“周转材料”“委托加工物资”“生产成本”“库存商品”“发出商品”“商品进销差价”等总账账户期末余额合计减去“存货跌价准备”和“材料成本差异”账户贷方余额（+“材料成本差异”借方余额）后填列。

（8）“一年内到期的非流动资产”项目：应根据“持有至到期投资”“长期应收款”“长期待摊费用”中一年内到期部分期末余额合计数填列。

（9）“其他流动资产”项目，根据业务需要分析填列。

（10）“长期应收款”项目：应根据“长期应收款”总账账户期末余额减去“一年内到期的非流动资产”部分余额，再减去“坏账准备”和“未实现融资收益”总账账户期末余额后填列。

（11）“长期股权投资”项目：应根据“长期股权投资”总账账户期末余额减去“长期股权投资减值准备”账户期末余额后填列。

（12）“投资性房地产”项目：应根据“投资性房地产”总账账户期末余额减去“投资性房地产减值准备”期末余额后的金额及“固定资产清理”科目的期末余额填列。

（13）“固定资产”项目：应根据“固定资产”总账账户期末余额减去“累计折旧”和“固定资产减值准备”账户期末余额后的金额,以及“固定资产清理”科目的期末余额填列。

（14）“在建工程”项目：应根据“在建工程”总账账户期末余额减去“在建工程减值准备”账户期末余额后的金额，以及“工程物资”科目的期末余额，减去“工程物资减值准备”科目的期末余额后的金额填列。

（15）“无形资产”项目：应根据“无形资产”总账账户期末余额减去“累计摊销”和“无形资产减值准备”账户期末余额后填列。

（16）“开发支出”项目：反映企业开发无形资产过程中能够资本化形成无形资产开发成本的支出部分。应根据“研发支出”科目中所属的“资本化支出”明细科目期末余额填列。

（17）“长期待摊费用”项目：应根据“长期待摊费用”总账账户期末余额减去1年内到期的非流动资产相应余额后填列。

（18）“递延所得税资产”项目：应根据“递延所得税资产”总账账户期末余额填列。

（19）“其他非流动资产”项目：应根据业务需要分析填列。

2. 负债类

（1）“短期借款”项目：应根据“短期借款”总账账户期末余额填列。

（2）“交易性金融负债”项目：应根据“交易性金融负债”总账账户期末余额填列。

（3）“应付票据”项目：应根据“应付票据”总账账户期末余额填列。

（4）“应付账款”项目：应根据“应付账款”和“预付账款”所属明细账户期末贷方余额合计数填列。

（5）“预收款项”项目：应根据“预收账款”和“应收账款”所属明细账户期末贷方余额合计数填列。

（6）“应付职工薪酬”项目：应根据“应付职工薪酬”总账账户期末贷方余额填列，若为借方余额记为“－”（负数），表示多付或提前支付，如发放福利等。

（7）“应交税费”项目：应根据“应交税费”科目的期末贷方余额填列，如“应交税费”科目期末的借方余额，应以“－”号填列。

（8）“其他应付款”项目：应根据“应付利息”“应付股利”“其他应付款”总账账户期末余额合计数填列。

（9）“一年内到期的非流动负债”项目：应根据“长期借款”“应付债券”和“长期

应付款”等账户中一年内到期部分余额合计数填列。

（10）“其他流动负债”项目，根据业务需要分析填列。

（11）“长期借款”项目：应根据“长期借款”总账账户期末余额减去其一年内到期部分的余额填列。

（12）“应付债券”项目：应根据“应付债券”总账账户期末余额减去其一年内到期部分的余额填列。

（13）“长期应付款”项目：应根据“长期应付款”总账账户期末余额减去其一年内到期部分和“未确认融资费用”余额后填列。

（14）“预计负债”项目：应根据“预计负债”总账账户期末余额填列。

（15）“递延所得税负债”项目：应根据“递延所得税负债”总账账户期末余额填列。

（16）“其他非流动负债”项目，根据业务需要分析填列。

3. 所有者权益类

（1）“实收资本（或股本）”项目：应根据“实收资本（或股本）”总账账户期末余额填列。

（2）“资本公积”项目：应根据“资本公积”总账账户期末余额填列。

（3）“盈余公积”项目：应根据“盈余公积”总账账户期末余额填列。

（4）“未分配利润”项目：1~11 月需根据“本年利润”和“利润分配”账户余额分析填列，12 月只根据“利润分配”账户贷方余额填列，若为借方余额填“－”（负数）。

（三）应用举例

假设科贸股份有限公司 2021 年 7 月 31 日全部总账账户和有关明细账户余额如表 9–2 所示。

表 9–2　　账户余额表

2021 年 7 月 31 日

总　账	明细账	借方余额	贷方余额	总　账	明细账	借方余额	贷方余额
库存现金		500		无形资产		40 000	
银行存款		25 000		短期借款			86 000
交易性金融资产		18 000		应付账款			24 000
应收账款		23 000			C 公司		20 000
	甲公司	10 000			D 公司	4 000	
	乙公司		2 000		E 公司		8 000
	丙公司	15 000		预收账款			8 000
预付账款		4 700			丁公司		9 000

续表

总　账	明细账	借方余额	贷方余额	总　账	明细账	借方余额	贷方余额
	A 公司	5 000			戊公司	1 000	
	B 公司		300	其他应付款			12 000
其他应收款		5 000			代扣款		12 000
	李利	2 000		应付职工薪酬			34 000
	王华	2 000		应交税费			68 000
	郑明	1 000		应付股利			33 000
原材料		56 000		长期借款			60 000
生产成本		7 000		实收资本			280 000
库存商品		60 000		资本公积			13 000
长期股权投资		250 000		盈余公积			25 200
固定资产		410 000		本年利润			20 800
累计折旧			180 000	利润分配			65 200
固定资产清理		10 000			未分配利润		65 200

可根据上述资料，编制该公司 2021 年 7 月 31 日的资产负债表如表 9–3 所示（“年初余额”栏省略）。

表 9–3　　资产负债表

编制单位：科贸股份有限公司　　2021 年 7 月 31 日　　单位：元

资　产	期末余额	年初余额	负债及所有者权益	期末余额	年初余额
流动资产：			流动负债：		
货币资金	25 500		短期借款	86 000	
交易性金融资产	18 000		交易性金融负债		
应收票据			应付票据		
应收账款	26 000		应付账款	28 300	
预付款项	9 000		预收款项	11 000	
其他应收款	5 000		应付职工薪酬	34 000	
存货	123 000		应交税费	68 000	
一年内到期的非流动资产			其他应付款	45 000	
其他流动资产			一年内到期的非流动负债		

续表

资　产	期末余额	年初余额	负债及所有者权益	期末余额	年初余额
流动资产合计	206 500		其他流动负债		
非流动资产：			流动负债合计	272 300	
长期应收款			非流动负债：		
长期股权投资	250 000		长期借款	60 000	
投资性房地产			应付债券		
固定资产	240 000		长期应付款		
在建工程			预计负债		
生产性生物资产			递延所得税负债		
油气资产			其他非流动负债		
无形资产	40 000		非流动负债合计	60 000	
开发支出			负债合计	332 300	
商誉			所有者权益：		
长期待摊费用			实收资本（或股本）	280 000	
递延所得税资产			资本公积	13 000	
其他非流动资产			减：库存股		
非流动资产合计	530 000		盈余公积	25 200	
			未分配利润	86 000	
			所有者权益合计	404 200	
资产总计	736 500		负债和所有者权益总计	736 500	

在填写此表中的有关项目时，应注意表中“年初余额”栏应根据上年末该表“期末余额”栏有关数据填列。本表“期末余额”栏主要根据该公司2021年7月31日全部总账和有关明细账余额分析填列。

现将需要分析计算填列的有关项目列示如下：

“货币资金”=“库存现金”账户期末借方余额+“银行存款”账户期末借方余额=500+25 000 = 25 500（元）。

“应收账款”=“应收账款——甲公司”账户期末借方余额+“应收账款——丙公司”账户期末借方余额+“预收账款——戊公司”账户期末借方余额= 10 000+15 000+1 000 = 26 000（元）。

"预付款项" = "预付账款——A公司"账户期末借方余额 + "应付账款——D公司"账户期末借方余额 = 5 000+4 000 = 9 000（元）。

"存货" = "原材料"账户期末借方余额 + "生产成本"账户期末借方余额 + "库存商品"账户期末借方余额 = 56 000+7 000+60 000 = 123 000（元）。

"固定资产" = "固定资产"账户期末借方余额 − "累计折旧"账户期末贷方余额 + "固定资产清理"账户期末借方余额 = 410 000 − 180 000+10 000 = 240 000（元）。

"应付账款" = "应付账款——C公司"账户期末贷方余额 + "应付账款——E公司"账户期末贷方余额 + "预付账款——B公司"账户期末贷方余额 = 20 000+8 000+300 = 28 300（元）。

"预收款项" = "预收账款——丁公司"账户期末贷方余额 + "应收账款——乙公司"账户期末贷方余额 = 9 000+2 000 = 11 000（元）。

"其他应付款" = "应付股利"账户期末贷方余额 + "应付利息"账户期末贷方余额 + "其他应付款"账户期末贷方余额 =33 000+12 000=45 000（元）。

"未分配利润" = "本年利润"账户期末贷方余额 + "利润分配——未分配利润"账户期末贷方余额 = 20 800+65 200 = 86 000（元）。

德育小课堂

宏达公司的资产负债表编制完成，经过注册会计师的审核，对外报出。财务主管要求小李计算企业的资产负债率、权益乘数、流动比率、速动比率等指标，并评价企业的偿债能力。财务主管告诉小李，作为一名合格的财务人员，除了会编制报表外，还要会分析报表，这样才能更好参与管理。小李听了主管的话，决定进一步提升自己业务水平，钻研会计知识。

任务三　编制利润表

一、知悉利润表的意义

（一）了解利润表的概念

利润表又称为损益表，是反映企业在一定会计期间（月度、季度、半年度和年度）经营成果的报表。例如，反映某企业2021年1月1日至1月31日（月度）经营成果的利润表。由于它反映的是某一会计期间的情况，所以又称为动态报表。

（二）知悉利润表的作用

第一，通过利润表，可以反映企业在一定会计期间收入、费用和利润的数额构成情况，全面地了解企业的经营成果。

第二，通过利润表相邻的若干会计期间的利润数据进行比较，分析企业的获利能力及盈利增长趋势，为其做出经济决策提供依据。

二、认识利润表的结构

在我国，利润表一般采用多步报告式结构，主要有两个栏目，即“本期金额”和“上期金额”。按照收入、费用和利润及其所包括的项目之间的内在关系，以一定的格式排序的多步式结构。其具体格式如表 9–4 所示。

表 9–4　　　　利　润　表

编制单位：　　　　年　月　　　　单位：元

项　　目	行次	本期金额	上期金额
一、营业收入	1		
减：营业成本	2		
税金及附加	3		
销售费用	4		
管理费用	5		
财务费用	6		
加：投资收益（损失以“–”号填列）	7		
二、营业利润（亏损以“–”号填列）	8		
加：营业外收入	9		
减：营业外支出	10		
三、利润总额（亏损总额以“–”号填列）	11		
减：所得税费用	12		
四、净利润（净亏损以“–”号填列）	13		

三、掌握利润表的编制方法

（一）“本期金额”栏和“上期金额”栏

利润表中“本期金额”栏反映各项目本期（本月、本季、本半年或本年）实际发生金额；

"上期金额"栏反映上年同期实际发生额，如编制的当期利润表时间为：2021 年 1 月，则"上期金额"栏填列为：2020 年 1 月数据。同样，若编制的当期利润表时间为：2021 年 2 月，则"上期金额"栏填列为：2020 年 2 月数据，依此类推。如果上年度利润表的项目名称和内容与本年度利润表不一致，应对上年度报表项目的名称和数字按本年度的规定进行调整。

（二）计算利润

计算利润时，企业应以收入为起点，计算出当期的利润总额和净利润额。其利润总额和净利润额的形成的计算步骤为：

营业利润 = 营业收入 − 营业成本 − 税金及附加 − 销售费用 − 管理费用 − 财务费用 + 投资净收益

其中，投资净收益 = 投资收益 − 投资损失

营业收入包括主营业务收入和其他业务收入等。

营业成本包括主营业务成本和其他业务成本等。

利润总额 = 营业利润 + 营业外收入 − 营业外支出

净利润 = 利润总额 − 所得税费用

（三）应用举例

科贸股份有限公司 2021 年 7 月损益类账户发生额资料如表 9–5 所示。

表 9–5　　2021 年 7 月损益类账户发生额表

单位：元

账户名称	本期发生额	
	借　方	贷　方
主营业务收入		1 200 000
主营业务成本	1 069 266.67	
税金及附加	25 000	
销售费用	20 000	
管理费用	95 000	
财务费用	10 000	
投资收益		15 000
其他业务收入		30 000
其他业务成本	15 000	
营业外收入		35 000
营业外支出	18 000	

假定该公司所得税率为25%，计算所得税费用时不考虑其他纳税调整事项，编制的利润表如表9-6所示（“上期金额”栏数字略）。

表9-6　　利　润　表

编制单位：科贸股份有限公司　　2021年7月　　单位：元

项　目	行次	本期金额	上期金额
一、营业收入	1	1 230 000.00	
减：营业成本	2	1 084 266.67	
税金及附加	3	25 000.00	
销售费用	4	20 000.00	
管理费用	5	95 000.00	
财务费用	6	10 000.00	
加：投资收益（损失以“－”号填列）	7	15 000.00	
二、营业利润（亏损以“－”号填列）	8	10 733.33	
加：营业外收入	9	35 000.00	
减：营业外支出	10	18 000.00	
三、利润总额（亏损总额以“－”号填列）	11	27 733.33	
减：所得税费用	12	6 933.33	
四、净利润（净亏损以“－”号填列）	13	20 800.00	

表中有关项目的计算：

营业收入＝主营业务收入＋其他业务收入＝1 200 000+30 000 ＝1 230 000（元）

营业成本＝主营业务成本＋其他业务成本＝1 069 266.67+15 000 ＝1 084 266.67（元）

营业利润＝营业收入－营业成本－税金及附加－销售费用－管理费用－财务费用＋投资净收益

＝1 230 000－1 084 266.67－25 000－20 000－95 000－10 000+15 000

＝10 733.33（元）

利润总额＝营业利润＋营业外收入－营业外支出

＝10 733.33+35 000－18 000 ＝27 733.33（元）

所得税费用＝27 733.33×25%=6 933.33（元）

净利润＝利润总额－所得税费用＝27 733.33－6 933.33 ＝20 800（元）

德育小课堂

一天，总经理丁某对会计人员小李说：“公司最近打算引进一笔投资，利润表不是很好看，你加个 180 万的营业收入吧。”小李为难地说：“这样不好吧。”总经理笑着回答道：“事成之后，升你为财务总监，薪水翻倍。”小李坚定地说：“丁总，虚构营业收入是违反财务制度的，不能这么做。”同学们，结合党的二十大精神，你认为小李做得对吗？如果你是小李，你会怎么做？

项目小结

本项目介绍了财务报告的概念、目标和分类的把握，以及资产负债表和利润表的编制等。

晓芊通过基础会计九个项目的学习与实践，培养了会计专业的基本素质和就业的关键能力，为自己以后在会计知识海洋中畅游打下了坚实的基础。